MAX BROOKS
Zombieparade

GOLDMANN
Lesen erleben

Buch

Die Toten sind unter uns. Zombies, Ghule – ganz gleich, mit welchem Etikett man sie versieht –, diese Somnambulen sind die größte Bedrohung für die Menschheit, abgesehen von der Menschheit selbst. Doch es wäre unzutreffend, sie Raubtiere und uns selbst Beute zu nennen. Sie sind eine Seuche, und die menschliche Rasse ist ihr Wirt …

(aus »Der Zombie Survival Guide«)

Seit Jahrhunderten kämpfen die Menschen nun schon gegen die Zombies, diese Seuche, die die Menschheit an den Rand der Auslöschung getrieben hat. Ein Kampf, der von den Vampiren bislang unbeteiligt bis amüsiert beobachtet wurde. Doch langsam schwant den Geschöpfen der Nacht, dass sie sich werden einmischen müssen, wenn sie nicht riskieren wollen, dass mit den Menschen auch die eigene Existenzgrundlage vom Erdboden verschwindet … In der titelgebenden Geschichte »Zombieparade« und drei weiteren Episoden entführt Max Brooks seine Leser erneut in die Welt alles Untoten und demonstriert eindrücklich, dass nur diejenigen die Zombiekalypse überleben werden, die ihren Feind genau kennen – und kämpfen, kämpfen, kämpfen …

Autor

Max Brooks, geboren 1972, ist der Sohn von Mel Brooks und Anne Bancroft. Er lebt als erfolgreicher Comedy-Autor in Los Angeles, ist nach eigenem Bekunden aber stets bereit, von heute auf morgen an einen abgelegenen Ort zu ziehen, der leichter zu verteidigen ist.

Von Max Brooks außerdem bei Goldmann lieferbar:

Der Zombie Survival Guide.
Überleben unter Untoten (45809 und 47423)

Operation Zombie.
Wer länger lebt, ist später tot (46539 und 47424)

Max Brooks

Zombieparade

**Deutsch
von Joachim Körber**

GOLDMANN

Die Originalausgabe erschien 2012
unter dem Titel »Closure, Limited«
bei Duckworth Overlook, London

Verlagsgruppe Random House FSC-DEU-0100
Das FSC®-zertifizierte Papier *Holmen Book Cream* für dieses Buch
liefert Holmen Paper, Hallstavik, Schweden.

1. Auflage
Deutsche Erstveröffentlichung Juli 2012
Copyright © der Originalausgabe 2012 by Max Brooks
Copyright © der deutschsprachigen Ausgabe 2012
by Wilhelm Goldmann Verlag, München,
in der Verlagsgruppe Random House GmbH
Umschlaggestaltung: UNO Werbeagentur, München
Umschlagmotiv: © FinePic
Redaktion: Alexander Groß
An · Herstellung: Str.
Druck und Bindung: GGP Media GmbH, Pößneck
Printed in Germany
ISBN 978-3-442-47772-2

www.goldmann-verlag.de

Inhalt

Für Michelle Kholos Brooks,
die einfach alles möglich macht.

Vorwort

Die Zombies kamen zu mir. Ich habe ganz gewiss nicht nach ihnen gesucht. Es muss irgendwann 1985 gewesen sein, als ich zwischen zwölf und dreizehn Jahren alt war. Meine Eltern hatten gerade etwas bestellt, das man »Kabelfernsehen« nannte, und die Gerüchteküche auf dem Schulhof wollte wissen, dass diese neue Erfindung manchmal richtige Frauen zeigte, die bereit waren, ohne ersichtlichen Grund die Bluse auszuziehen! Jedes Mal, wenn meine Eltern zum Essen ausgingen, stahl ich mich in ihr Schlafzimmer. Mit der Geduld eines buddhistischen Mönchs setzte ich mich vor den Bildschirm. Ich wartete, ich hoffte, ich betete, und dann, eines Nachts, passierte es. Da war eine richtige, lebendige Frau – und vollkommen nackt! Sie schritt durch ein tropisches Dorf, während die Eingeborenen um sie herum tanzten. Mit dem Gehirn eines pubertierenden Heranwachsenden versuchte ich zu begreifen, was meine Augen mir da zeigten, und dachte nur: »Mein Leben hat sich gerade für immer verändert.«

Ich hatte ja keine Ahnung, wie richtig ich damit lag.

Sie kamen schlurfend und stöhnend aus der Dunkelheit ... und plötzlich war die Party zu Ende.

Von dem Moment an sind meine Erinnerungen verschwommen. Sie bestehen überwiegend aus bruchstückhaften Albtraumbildern von schreienden Menschen, die gepackt, zerfetzt und aufgefressen werden. Ich erinnere mich an ein kleines Tier (eine Katze?), das vom Leichnam einer alten Frau springt. Ich erinnere mich an einen aschfahlen Kadaver mit getrocknetem Blut an den Lippen. Ich erinnere mich an einen Staatschef, der um Hilfe bittet, während die anderen UN-Delegierten endlos über Lösungen debattieren. Doch am deutlichsten erinnere ich mich an SIE. Hirnlos, langsam, durch und durch unmenschlich. Sie erinnerten mich an einen Film, den ich kurz zuvor gesehen hatte, einen Film über einen riesigen Hai, den einer der Darsteller als »Fressmaschine« bezeichnete. Sie erinnerten mich an einen Film über einen Killer-Cyborg, der »weder Gnade noch Mitleid noch Angst kennt und niemals aufgibt, unter gar keinen Umständen!« Sie erinnerten mich an eine ausgesprochen echte Seuche, die sich in der Welt meiner Eltern ausbreitete und ihre Freunde scharenweise tötete. Sie waren der schlimmste Albtraum, den ich mir vorstellen konnte. Sie waren Zombies.

Der Film, den ich an diesem Abend gesehen habe, trägt den Titel *Night of the Zombies*, und ich bin zu 99,9 Prozent sicher, dass die Filmemacher Bilder von echtem Kannibalismus in ihre Tour de Force hineingeschnitten haben. Ob das stimmt oder nicht, jede Einstellung brannte sich in mein jugendliches Gehirn ein. Jahrelang verfolgten mich diese unmenschlichen und, wie ich dachte, unbesiegbaren Monster. Die Menschen in den Filmen schienen machtlos zu sein gegen die gefräßigen Angreifer. Würde dasselbe nicht auch für mich gelten? Das war das Schicksal, mit dem ich mich abgefunden hatte … bis er kam!

Sein Name lautet George A. Romero, und sein Film trägt den Titel *Night of the Living Dead*. Ich muss siebzehn oder achtzehn gewesen sein, als ich ihn sah, jetzt in meinem Zimmer mit meinem eigenen Kabelanschluss, aber, da bin ich sicher, nicht weniger an Frauen ohne Blusen interessiert als zu Beginn meiner Pubertät. Ich dachte, ich hätte die Zombie-Albträume hinter mir gelassen, und jetzt waren sie wieder da! Die Fleischfresser waren zurück und ebenso heißhungrig wie ihre italienischen Vettern. Und wie früher reagierte ich entsetzt auf das Gemetzel und konnte mich doch, genau wie damals, nicht davon abwenden.

Doch dann ging mir auf, dass es in diesem Film etwas gab, das den billigen, nihilistischen Blutorgien aus Europa vollkommen fehlte. In diesem Film gab es HOFFNUNG! Plötzlich gab es Regeln, konkrete Grenzen, die die Stärken und Schwächen der Angreifer festlegten. Sie waren weder so klug, so stark noch so schnell wie wir. Das Wichtigste jedoch war, man konnte sie aufhalten! Eine Kugel ins Gehirn, mehr war nicht erforderlich! Und da ging mir ein Licht auf. Nicht das Grauen vor den Zombies, sondern unser Unvermögen, mit ihnen fertig zu werden, stellte das Problem dar! Ich wäre da gewiss ganz anders. Ich würde die richtigen Entscheidungen treffen. Ich würde meine Hausaufgaben machen. Ich würde nicht vor Dummheit oder Angst kapitulieren. Wenn sie mich holen würden, würde ich tun, was immer erforderlich wäre, um zu überleben!

Eine Lebensspanne später, als sich die Welt auf die scheinbar unvermeidliche, mit dem Kürzel »Y2K« bezeichnete Computerkatastrophe der Jahrtausendwende vorbereitete, las ich eine wachsende Menge an Handbüchern, wie man die Apokalypse überleben könnte, und dachte mir: »Was ist mit Zombies?« Gewiss musste jemand ein Buch darüber geschrieben haben, wie man einen Angriff der lebenden Toten übersteht. Ganz bestimmt hatte irgendein besessener, zwanghafter Freak mit zu viel Zeit sich die Frage »Was wäre wenn?« häufig genug gestellt, um etwas dagegen zu tun. Und wie es der dumme Zufall wollte, entpuppte ich mich als dieser besessene, zwanghafte Freak.

Ich hätte nie und nimmer damit gerechnet, dass der *Zombie Survival Guide* tatsächlich veröffentlicht werden würde. Ich habe ihn nur geschrieben, weil ich ihn lesen wollte. Die lebenden Toten faszinieren (und ängstigen) mich nach wie vor, und je älter ich werde, desto mehr wächst meine Besessenheit. Zombies sind ein globales Phänomen, das perfekte Brennglas, durch das man den Zusammenbruch der Gesellschaft beobachten kann. Sie sind SARS, sie sind Aids. Sie sind der Wirbelsturm, der eine ganze Stadt verwüstet, oder die »Herrenrasse«, die einen ganzen Kontinent in Schutt und Asche legt. Sie sind eine existenzielle Bedrohung, eine tödliche Gefahr, und sie zeigen uns unsere eigenen selbstmörderischen Schwächen auf. Die Angst vor ihnen werde ich niemals abschütteln können.

Innerer Frieden GmbH

Eine Geschichte
aus dem Zombie-Weltkrieg

BERUFJORDUR, ISLAND

Thomas Kiersted sieht genauso aus wie auf seinem Foto vor dem Krieg. Er mag ziemlich abgenommen haben, das graumelierte Haar längst nicht mehr nur meliert sein, doch in seinen Augen findet man nicht den sattsam bekannten »Überlebenden-Blick«. Er winkt mir vom Deck der African Queen *zu. Die achtzig Meter lange ehemalige Segeljacht ist trotz der geflickten Segel und des marinegrauen Anstrichs immer noch ein prachtvolles Schiff. Das ehemalige Spielzeug der königlichen Familie Saudi-Arabiens segelt jetzt unter der Flagge der Europäischen Union und ist das mobile Hauptquartier der »Innerer Frieden GmbH«.*

Willkommen an Bord! *Doktor Kiersted streckt die Hand aus, als das Nachschubboot längsseits geht.* Tolle Party, was? *Er meint die Kriegsschiffe und Truppentransporter, die in dem Fjord vor Anker liegen.* Zum Glück für uns handelt es sich nur um eine Kundschaftermission. Es wird immer schwieriger, unsere Subjekte zu beschaffen. Süd- und Ostasien sind gesichert, Afrika trocknet aus. Russland war – natürlich inoffiziell – unser bester Exporteur, doch jetzt ... Die haben das echt ernst gemeint, die Grenzen dichtzumachen. Keine »flexiblen Verhandlungen« mehr, nicht einmal auf individueller Ebene. Was ist aus dieser Welt geworden, wenn man nicht einmal mehr einen Russen bestechen kann?

Er kichert, als wir hinunter auf das B-Deck gehen. Aus einer beleuchteten Luke tönt lauter Lärm den Flur entlang.

Nein, nicht das. *Kiersted zeigt über die Schulter.* Kricketsaison. Sri Lanka gegen die Westindischen Inseln. Wir bekommen den Live-Feed der BBC direkt von Trinidad. Nein, unsere Subjekte befinden sich alle unten in eigens umgebauten Kabinen. Nicht billig, doch das trifft auf alles zu, was wir hier tun.

Wir begeben uns an den Mannschaftskabinen und verschiedenen Ausrüstungsspinden vorbei auf Deck C hinab. Offiziell kommen unsere Mittel vom Gesundheitsministerium der EU. Die stellen das Schiff, die Besatzung, Militärs, die mithelfen, Subjekte zu finden, oder, falls keine Soldaten verfügbar sind, ausreichend Geld, um private Subunternehmer zu bezahlen, die »Impisi«, Sie wissen schon, die »Hyänen«. Die sind auch nicht billig.

Keine unserer öffentlichen Mittel kommen aus Amerika. Ich habe die Debatten in Ihrem Kongress auf C-SPAN mitverfolgt. Als dieser eine Senator öffentlich versucht hat, uns zu unterstützen, bin ich regelrecht zusammengezuckt. Was ist der heute doch gleich, irgendein Handlanger in der Nationalen Gräberregistratur?

Ironischerweise stammt der Hauptteil unserer Gelder aus Amerika, und zwar von Privatleuten oder Wohlfahrtsorganisationen. Ihr *[Name aus rechtlichen Gründen gestrichen]* hat den Etat geschaffen, der es Dutzenden Ihrer Landsleute ermöglicht, unsere Dienste zu nutzen. Wir brauchen jeden Dollar, oder kubanischen Peso, wie ich sagen sollte, die einzige Währung, die heute noch einen Wert besitzt.

Es ist schwierig und gefährlich, Subjekte zu sammeln, sehr gefährlich, doch der Teil des Prozesses ist relativ preisgünstig. Die Vorbereitungen – die verschlingen richtig Geld. Es genügt nicht, ein Subjekt mit richtiger Größe, Körperbau, Geschlecht und hinreichend ähnlichen Gesichtszügen zu finden. Wenn wir eines haben – *er schüttelt den Kopf* –, dann geht die Arbeit erst richtig los.

Das Haar muss gewaschen, geschnitten, möglicherweise gefärbt werden. Meistens müssen wir die Gesichtszüge rekonstruieren oder von null neu aufbauen. Wir beschäftigen einige der besten Spezialisten Europas und Amerikas. Die meisten arbeiten für Standardlöhne oder gar »pro bono«, doch ein paar wissen ganz genau, was ihre Talente wert sind, und berechnen jede Sekunde ihrer Zeit. Talentierte Dreckskerle.

Wir kommen zum Deck E, das von einem gepanzerten Schott abgeriegelt wird, vor dem zwei bewaffnete Männer stehen. Kiersted sagt etwas auf Dänisch zu ihnen. Sie nicken und sehen mich an. Bitte um Entschuldigung, *sagt er,* ich mache die Vorschriften nicht. *Ich zeige meine Ausweise, den der USA und der UN, eine unterzeichnete Kopie meiner Rechtsbelehrung und mein Empfehlungsschreiben mit dem Siegel des Europäischen Gesundheitsministers. Die Wachsoldaten betrachten sie genauestens, sogar unter Ultraviolettleuchten von vor dem Krieg, dann nicken sie mir zu und öffnen die Tür. Kiersted und ich betreten einen Gang mit künstlichem Licht. Die Luft ist abgestanden, geruchlos und extrem trocken. Ich höre das Pochen mehrerer kleiner oder eines extrem großen Entfeuchters. Die Türen auf beiden Seiten bestehen aus solidem Stahl, lassen sich nur mit einem elektronischen Schlüssel öffnen und warnen in mehreren Sprachen, dass ausschließlich befugtes Personal Zutritt hat. Kiersted spricht mit leicht gedämpfter*

Stimme. Hier passiert es. Vorbereitung. Leider können wir nicht eintreten; eine Sicherheitsmaßnahme wegen der Arbeiter, Sie verstehen.

Wir gehen weiter den Gang entlang. Kiersted zeigt auf die Türen, ohne sie zu berühren. Gesicht und Haare sind nur ein Teil der Vorbereitung. »Personalisierung der Garderobe« – *das* ist die Herausforderung. Der Prozess funktioniert einfach nicht, wenn die Subjekte, sagen wir, die falsche Kleidung tragen oder einen bestimmten persönlichen Gegenstand nicht besitzen. Hier wenigstens können wir uns bei der Globalisierung bedanken. Das gleiche T-Shirt, das in China hergestellt wurde, kann man in Europa, Amerika, überall finden. Dasselbe gilt für Elektronik oder Schmuck; wir haben einen Juwelier für Spezialanfertigungen verpflichtet, aber Sie wären erstaunt, von wie vielen als »Einzelstücke« ausgewiesenen Gegenständen wir schon Kopien gefunden haben. Außerdem haben wir eine Spezialistin für Kinderspielsachen, wissen Sie, nicht für die Herstellung, sondern für die Modifizierung. Kinder verändern ihre Spielsachen wie niemand sonst. Ein bestimmter Teddybär, dem ein Auge fehlt, eine Actionfigur, die einen schwarzen und einen braunen Schuh trägt. Unsere Spezialistin besitzt ein Lagerhaus in Lund. Ich habe es schon gesehen, ein riesiger Flugzeughangar mit nichts anderem als haufenweise Spielzeugzubehör: Haarbürsten für Puppen, Waffen für Action Man – Hunderte Stapel, Tausende. Erinnert mich daran, wie ich als Student Auschwitz besucht habe – Berge von Brillen und kleinen Kinderschuhen. Ich habe keine Ahnung, wie sie das macht, Ingvilde. Sie ist eine Besessene.

Ich weiß noch, einmal brauchten wir einen »Spezialpenny«. Der Kunde hatte sehr genaue Vorstellungen. Er war eine Art »Unterhaltungsagent« in Hollywood, managte *[Name aus rechtlichen Gründen gestrichen]* und viele andere tote Stars. In seinem Brief stand, dass er mit seinem Sohn einmal einen Ort namens »Travel Town« besucht hätte, eine Art Eisenbahnmuseum in Los Angeles. Er sagte, das sei das einzige Mal gewesen, dass er je einen ganzen Nachmittag mit seinem Sohn verbrachte. In Travel Town gab es einen dieser Automaten, in die man einen Penny wirft, an der Kurbel dreht, und dann wird dieser Penny zu einem speziellen Medaillon gepresst. Der Kunde sagte, am Tag ihrer Flucht habe sein Sohn sich geweigert, es zurückzulassen. Sein Vater musste sogar ein Loch hineinbohren, damit er es an einem Schnürsenkel um den Hals tragen konnte. Der halbe Brief des Kunden kreiste um die genaue Beschreibung dieses speziellen Pennys. Nicht nur das Muster, auch Farbe, Alter, Dicke, sogar die Stelle, wo er das Loch hineingebohrt hatte. Ich wusste, wir würden nie auch nur etwas annähernd Ähnliches finden. Ingvilde ebenso, aber wissen Sie, was sie getan hat? Sie stellte einen neuen, vollkommen identischen her. Sie fand die Unterlagen der Firma online und gab einem Maschinisten vor Ort eine Kopie des Entwurfs. Sie ließ das Medaillon wie eine Meisterchemikerin altern – die richtige Mischung aus Salz, Sauerstoff und künstlichem Sonnenlicht. Am wichtigsten aber war, sie achtete darauf, dass der Penny vor 1980 geprägt worden war, bevor die amerikanische Regierung den Kupferanteil so drastisch reduzierte. Schauen Sie, wenn man ihn plattdrückt und man das Metall im Inneren sehen kann … Entschuldigung … »zu viele Informationen«, wie ihr Amerikaner sagt. Ich erwähne das nur, um zu zeigen, welchen Aufwand wir hier bei unserer Arbeit betreiben. Ingvilde arbeitet übrigens, genau wie ich, für den Mindestlohn. Sie ist wie ich – »schlechtes Gewissen der Reichen«.

Wir erreichen Deck F, die unterste Etage der African Queen. *Auch hier herrscht künstliche Beleuchtung vor, wie auf dem Deck darüber, doch im Gegensatz zu dort sind die Glühbirnen hier so hell wie die Sonne vor dem Krieg.* Wir versuchen, das Sonnenlicht zu simulieren, *erklärt Kiersted,* und jedes Abteil ist mit Geräuschen und Gerüchen ausgestattet, die auf den Kunden zugeschnitten sind. Meistens etwas Friedliches – Kiefernduft und Vogelgezwitscher –, aber es kommt wirklich auf das Individuum an. Wir hatten einmal einen Mann vom chinesischen Festland hier … es war ein Testlauf, um festzustellen, ob es sich lohnt, dass ihre Regierung eine eigene Anlage errichtet. Er kam aus Chongqing und brauchte Verkehrslärm und den Gestank von Industrieabgasen. Unser Team musste tatsächlich eine Audiodatei spezieller chinesischer Autos und Lastwagen zusammenmischen, ebenso diese schädliche Mixtur von Kohle, Schwefel und verbleitem Benzin.

Es gelang. Genau wie bei dem speziellen Penny. Es musste einfach gelingen. Warum sollten wir es sonst machen? Nicht nur viel Zeit und Geld opfern, sondern auch den Geisteszustand unserer Arbeiter gefährden? Warum durchleben wir immer wieder etwas, das die ganze geschundene Welt vergessen möchte? Weil es funktioniert. Weil wir Menschen helfen, wir geben ihnen genau das, was der Firmenname verspricht. Unsere Erfolgsrate liegt bei vierundsiebzig Prozent. Die meisten unserer Kunden schaffen es, an ihr altes Leben anzuknüpfen, ihre Tragödie zu überwinden, tatsächlich so etwas wie

»inneren Frieden« zu finden. Nur aus diesem Grund bin ich hier. Dies ist der beste Ort, das »schlechte Gewissen der Reichen« zu beruhigen.

Wir kommen zum letzten Abteil. Kiersted greift nach seinem Schlüssel, dann dreht er sich zu mir um. Sie wissen, vor dem Krieg war »reich« gleichbedeutend mit materiellen Besitztümern – Geld, Sachen. Meine Eltern hatten beides nicht, selbst in einem sozialistischen Land wie Dänemark. Einer meiner Freunde war reich, bezahlte immer alles, obwohl ich ihn nie darum bat. Er verspürte ständig Schuldgefühle wegen seines Reichtums und gab mir gegenüber sogar einmal zu, wie »unfair« es wäre, dass er so viel besaß. »Unfair.« *Zum ersten Mal, seit wir uns kennengelernt haben, verschwindet sein Lächeln.* Ich habe nicht einen einzigen Familienangehörigen verloren. Im Ernst. Wir haben *alle* überlebt. Ich sah vorher, was passieren würde, »zählte zwei und zwei zusammen«, wie die Amerikaner sagen. Ich wusste genug, dass ich mein Haus verkaufte, das zum Überleben notwendige Werkzeug besorgte und meine Familie sechs Monate vor der großen Panik nach Svalbard brachte. Meine Frau, unser Sohn, unsere beiden Töchter, mein Bruder und dessen ganze Familie – sie leben alle noch – mit drei Enkelkindern und fünf Großnichten und -neffen. Mein Freund, der »so viel« besaß, den habe ich letzten Monat behandelt. Man nennt es »schlechtes Gewissen der Reichen«, weil das Leben der neue Reichtum ist. Vielleicht sollte man es »Schande der Reichen« nennen, da Leute wie wir aus irgendwelchen Gründen fast nie darüber reden. Nicht einmal untereinander. Einmal traf ich Ingvilde in ihrem Laden. Sie hatte ein Bild auf dem Schreibtisch stehen, von mir weggedreht, als ich eintrat. Ich klopfte nicht an, daher überraschte ich sie ein wenig. Sie knallte den Bilderrahmen auf die Tischplatte, noch bevor sie sah, dass ich es war. Instinkt. Schuldgefühle. Scham. Ich fragte nicht, wen das Bild zeigte.

Wir bleiben vor dem letzten Abteil stehen. Auf dem Schott neben der Luke liegt ein Block mit einer weiteren juristischen Regressverzichtserklärung. Kiersted sieht erst den Block und dann mich unbehaglich an.

Ich entschuldige mich. Ich weiß, Sie haben bereits eine unterschrieben, aber da Sie kein Bürger der EU sind, verlangen die Vorschriften, dass Sie ein weiteres Formular durchlesen und unterschreiben. Es tatsächlich durchzulesen, ist reine Schikane, und wenn es nach mir ginge, dürften Sie einfach nur unterzeichnen, aber ... *Sein Blick wandert zur Überwachungskamera unter der Decke.*

Ich tue so, als ob ich lesen würde. Kiersted seufzt.

Ich weiß, viele Leute sind nicht damit einverstanden, was wir hier tun. Sie halten es für unmoralisch, zumindest jedoch für Verschwendung. Ich verstehe das. Für viele ist es ein Geschenk, dass sie nichts wissen. Es beschützt und motiviert sie. Sie benutzen es, um ihr Leben voranzutreiben, sich körperlich und seelisch zu regenerieren, denn sie wollen für den Tag bereit sein, an dem die vermisste Person plötzlich zur Tür hereinspaziert. Für sie ist Unwissenheit gleich Hoffnung und der innere Frieden manchmal das Ende der Hoffnung.

Aber was ist mit dem anderen Typus von Überlebenden, die die Unwissenheit regelrecht lähmt? Das sind diejenigen, die sich ununterbrochen durch Ruinen und Massengräber wühlen und endlose, endlose Listen studieren. Es sind Überlebende, die die Wahrheit der Hoffnung vorziehen, aber ohne einen handfesten *Beweis* für die Wahrheit nicht weitermachen können. Natürlich geben wir ihnen nicht die Wahrheit, und tief im Innersten wissen sie das auch. Doch sie glauben es, weil sie es glauben wollen, genau wie diejenigen, die in die Leere sehen und Hoffnung erblicken.

Ich fülle die letzte Seite des Formulars aus. Kiersted greift nach der Schlüsselkarte.

Nebenbei ist es uns gelungen, ein grundlegendes

psychologisches Profil der Leute zu erstellen, die unsere Hilfe suchen. Sie besitzen meist einen aggressiven Charakter – aktiv, entschlussfreudig und daran gewöhnt, ihr Schicksal selbst in die Hand zu nehmen. *Er wirft mir einen Seitenblick zu.* Das ist natürlich sehr verallgemeinernd, aber für viele war der schlimmste Aspekt jener Zeit, dass sie die Kontrolle verloren haben, und bei unserem Angebot geht es ebenso sehr darum, diese Kontrolle wiederzuerlangen, wie sich zu verabschieden.

Kiersted zieht seine Karte durch, an dem Schloss leuchtet ein grünes statt des roten Lichts, und die Tür geht auf. Das Abteil, das ich betrete, riecht nach Salbei und Eukalyptus, und aus Lautsprechern neben dem Schott ertönt das Geräusch von Wellen. Ich betrachte das Subjekt vor mir. Es erwidert meinen Blick. Es bäumt sich in den Fesseln auf und versucht, mich zu erwischen. Es reißt den Mund auf. Es stöhnt.

Ich bin nicht sicher, wie lange ich das »Subjekt« vor mir betrachte. Schließlich wende ich mich Kiersted zu, nicke zustimmend und sehe, wie das Lächeln zurückkehrt.

Der dänische Psychiater geht zu einem kleinen, abgeschlossenen Schränkchen an der hinteren Wand. »Wie ich sehe, haben Sie keine eigene mitgebracht.«

Ich schüttle den Kopf.

Kiersted kommt von dem Schränkchen zurück und drückt mir eine kleine automatische Pistole in die Hand. Er vergewissert sich, dass sich nur eine Patrone in der Kammer befindet, dann weicht er zurück, verlässt das Abteil und schließt die Luke hinter sich.

Ich richte die Laserzielerfassung auf die Stirn des Subjekts. Stöhnend und schnappend kommt es mir entgegen. Ich drücke ab.

Steve und Fred

»Es sind zu viele!«, kreischte Naomi, und ihre Stimmlage passte perfekt zum Quietschen der Motorradreifen.

Sie kamen unmittelbar vor der Baumreihe zum Stillstand, der Motor der Buell schnurrte zwischen ihren Beinen. Steve sondierte die Außenmauer mit zusammengekniffenen Augen. Nicht die Zombies bereiteten ihm Kopfzerbrechen. Das Haupttor des Labors war blockiert. Ein Humvee war mit der ausgebrannten Hülle einer Zugmaschine zusammengestoßen. Der Anhänger musste weitergeschlittert und umgekippt sein, als er mit den beiden Fahrzeugen kollidierte. Helle, Eis nicht unähnliche Pfützen glänzten an Stellen, wo das Feuer Stücke der Aluminiumteile geschmolzen hatte. *Da kommen wir nicht rein.* Steve sah über die Schulter zu Naomi. »Es ist an der Zeit, dass wir den Dienstboteneingang benutzen.«

Die Neurowissenschaftlerin neigte den Kopf zur Seite. »*Gibt* es denn einen?«

Steve kicherte, er konnte nicht anders. Für jemanden, der so klug war, konnte sich Naomi manchmal ganz schön dumm stellen. Steve leckte sich den Finger und hielt ihn mit dramatischer Geste in den Wind. »Finden wir es heraus.«

Das Labor war vollständig umzingelt. Damit hatte er gerechnet. Es mussten ein paar hundert sein, die an jeder Seite der sechseckigen Mauer herumschlurften und -tasteten.

»Ich sehe kein anderes Tor!«, rief Naomi über das Rumoren des Motorrads hinweg.

»Wir suchen auch keins!«, brüllte Steve zurück.

Da! Eine Stelle, wo die lebenden Toten sich an der Mauer drängten. Vielleicht hatte sich etwas auf der anderen Seite befunden: ein Überlebender, ein verletztes Tier, wer wusste es, wen interessierte es? Was immer es gewesen sein mochte, es war verlockend genug, dass die Stinker einige ihrer Artgenossen an den unverputzten Schlackensteinen zerquetschten. Durch den Druck war eine solide Masse verwesenden Fleisches entstanden, die es den Stinkern ermöglichte, buchstäblich darauf über die Mauer zu schreiten.

Diese »Rampe« musste bereits vor einigen Stunden entstanden sein. Die Beute war längst verschlungen. Nur noch wenige Ghule stolperten oder krochen über die Rampe der Untoten. Einige Teile davon bewegten sich noch: hier ein fuchtelnder Arm, dort ein malmender Kiefer. Sie waren Steve freilich scheißegal; die beweglichen, die noch über sie hinwegkrochen, machten ihm zu schaffen. *Nur ein paar.* Er nickte unmerklich. *Kein Problem.*

Naomi reagierte nicht, als Steve das Motorrad vor der Rampe in Position brachte. Erst als er den Motor aufheulen ließ, blickte sie geradeaus zum Ziel.

»Bist du …«, begann sie.

»Der einzige Weg hinein.«

»Das ist *verrückt*!«, schrie sie und löste den Griff von seiner Taille, als wollte sie von der Buell springen.

Steve streckte instinktiv die linke Hand aus, packte sie am Handgelenk und zog sie an sich. Als er ihre entsetzte Miene sah, zeigte er sein altbekanntes Grinsen. »Vertrau mir.«

Mit großen Augen und kreidebleich konnte Naomi nur nicken und sich mit aller Kraft an ihm festklammern. Steve wandte sich wieder der Rampe zu und grinste unerschütterlich weiter. *Okay, Gunny Toombs, das ist für dich!*

Die Buell schoss davon wie eine Gewehrkugel, und Steve beugte sich in den heulenden Wind. Fünfhundert Meter … vierhundert … drei … Einige

Zombies in der Nähe der Rampe nahmen allmählich Notiz von ihnen, drehten sich um und schlurften dem rasenden Gefährt entgegen. Zweihundert Meter … einhundert … Jetzt rotteten sie sich zusammen, formierten sich zu einer kleinen, aber dicht gedrängten Horde, die die Rampe versperrte. Ohne mit der Wimper zu zucken, riss Steve das M4 aus der abgenutzten Lederscheide und biss, Augen starr geradeaus gerichtet, fest auf den Auslöser der Waffe. Es war eine Vorgehensweise, die er erst einmal erprobt hatte, in der Nacht, als er außerhalb von Falludscha den Unfall mit der Harrier gehabt hatte. Bei dem Aufprall hatte er sich einen Arm und beide Beine gebrochen; ungebrochen dagegen blieb sein Kampfgeist. Er hatte versucht, den automatischen Karabiner mit den Zähnen zu spannen. Es hatte damals funktioniert, und es würde verdammt noch mal auch hier funktionieren. Die erste Patrone klickte tröstlich in die Kammer.

Keine Zeit zum Zielen. Er musste aus der Hüfte schießen. *Peng!* Das linke Auge des Ersten in unmittelbarer Nähe verschwand, und eine braunrote Wolke explodierte aus seinem Hinterkopf. Hätte er Zeit gehabt, hätte sich Steve eine Bemerkung über seine Schießkünste nicht verkneifen können. *Peng! Peng!* Zwei weitere gingen zu Boden, sackten in sich zusammen wie Marionetten, deren Schnüre man durchgeschnitten hatte. Diesmal lächelte er. *Ich hab's noch drauf!*

Eine Schneise bildete sich, doch würde sie sich bei dem Höllentempo, das sie draufhatten, schnell genug verbreitern? »Oh Gott!«, kreischte Naomi.

Als kaum noch ein halbes Dutzend Motorradlängen bis zu der Rampe verblieben, betätigte Steve den Abzug des M4 und feuerte eine vollautomatische Salve kupferüberzogener Fahrkarten in die Hölle ab. *Gebt Satan einen Kuss von mir,* dachte Steve. *Oder meiner Exfrau, wen auch immer ihr zuerst seht.*

Das Magazin war leer, als der letzte Zombie fiel, und dann schossen mit einem leisen Knirschen und einem Poltern hundertsechsundvierzig Pferde auf die Rampe. Die Reifen der Buell rissen die schwärende Oberfläche auf, doch Steve und Naomi wurden mühelos über die Mauer katapultiert.

»OOOH-JAAA!«, brüllte Steve und saß einen Sekundenbruchteil wieder im Cockpit, schoss über der irakischen Wüste dahin und ließ Feuer und Tod in einem Sternenbannersturm herabregnen. Im Gegensatz zu dem AV-8-Jet ließ sich diese Maschine jedoch nicht mehr steuern, wenn sie erst einmal in der Luft war.

Der Vorderreifen der Buell landete auf dem Asphalt des Parkplatzes und rutschte in einer Lache menschlicher Überreste aus. Durch den Aufprall wurden beide Fahrer aus dem Ledersitz geschleudert. Steve krümmte sich, rollte sich ab und prallte gegen den Reifen eines schrottreifen Prius. Der Fahrer des Hybridautos starrte durch die offene Fahrertür auf ihn herab, ohne Arme und mit zerfetztem Gesicht. *Zu dumm, dass das schöne »Rettet die Erde«-Auto seinen Chauffeur nicht retten konnte,* dachte Steve grimmig.

Er sprang auf die Beine und entdeckte Naomi mehrere Meter entfernt. Sie lag mit dem Gesicht nach unten und bewegte sich nicht. *Scheiße.* Das Motorrad lag genau in der entgegengesetzten Richtung. Es ließ sich unmöglich feststellen, ob einer der beiden zu Schaden gekommen war.

Das Stöhnen und der Gestank trafen ihn wie kurze Schläge hintereinander. Er wirbelte gerade noch rechtzeitig herum und sah den ersten der Zombiehorde auf ihn zuschlurfen. Wo zum Teufel war das M4? Er hatte beim Aufprall gespürt, wie es ihm aus der Hand fiel, und es über die harte Oberfläche schlittern hören. Es musste unter einem Auto liegen, aber unter welchem? Auf dem Parkplatz standen noch mehrere hundert Fahrzeuge, was bedeutete, dass sich auch noch mehrere hundert untote ehemalige Besitzer auf dem Gelände befinden mussten. Doch er hatte jetzt keine Zeit, darüber nachzudenken, so wenig wie nach seiner Waffe zu suchen. Die Ghule näherten sich, etwa zwanzig an der Zahl, langsam der reglosen Naomi.

Steve griff zuerst nach der 9mm in seiner Jackentasche. *Nein.* Er zögerte. Wenn das M4 beschädigt oder unauffindbar war, dann wäre die Glock ihre einzige ballistische Waffe. *Und,* dachte er, während er die Finger um den vertrauten Schlangenledergriff hinter dem Rücken krümmte, *es wäre einfach nicht fair Musashi gegenüber.*

ZZZIINNNGGG! Die sechzig Zentimeter lange Klinge des Ninjatō glitzerte im Licht der nachmittäglichen Sonne so funkelnd und strahlend wie an dem Tag, als der Sensei Yamamoto sie ihm in Okinawa gegeben hatte. »Ihr Name ist Musashi«, hatte der alte Mann erklärt. »Der Kriegergeist. Wurde sie gezückt, muss ihr Durst unbedingt mit Blut gestillt werden.« *Na ja,* dachte Steve, *hoffen wir, dass der zähflüssige Dreck, der durch die Adern der Stinker fließt, auch zählt.*

Ein Zombie tauchte als Spiegelbild in der Klinge auf. Steve wirbelte herum und erwischte ihn genau unter dem Nacken. Knochen und Muskeln wurden durchtrennt wie Eis von Feuer, und der noch schnappende Kopf rollte unter einen ausgebrannten Kleintransporter.

Ducken und konzentrieren.

Ein weiterer Zombie wollte Steve am Kragen packen. Er duckte sich unter dem rechten Arm hindurch und befand sich hinter dem Untoten. Der nächste Kopf rollte.

Ausweichen und zuschlagen.

Dem dritten durchbohrte Musashis Klinge das linke Auge.

Atmen und parieren.

Ein vierter verlor die Oberseite des Schädels. Steve stand nur noch wenige Schritte von Naomi entfernt.

Ducken und konzentrieren!

Einem fünften Stinker wurde der Schädel exakt in der Mitte gespalten.

»Steve …« Naomi sah mit trübem Blick und schwacher Stimme zu ihm auf. Sie lebte.

»Ich bin da, Baby.« Steve zerrte sie auf die Füße und rammte gleichzeitig einem Ghul, der zwischen sie trat, Musashis Klinge durchs Ohr. Er überlegte sich, dass er das M4 suchen sollte, doch dafür blieb schlicht und einfach zu wenig Zeit. *Da, wo wir hingehen, gibt es Nachschub genug.*

»Komm mit!« Steve zog sie durch eine Horde,

die sich zusammenrottete, und gemeinsam liefen sie zu der umgekippten Buell. Er reagierte nicht überrascht, als er den Motor unter sich aufheulen hörte – *amerikanische Wertarbeit!* Darüber hinaus ließ sich ein weiteres Brummen vernehmen, dumpf und leise, aber mit jeder Sekunde deutlicher. Steve neigte den Kopf zum raucherfüllten Himmel. Da war es: ihr Transportmittel hier raus, ein schwarzes Fleckchen vor der scharlachroten Sonne.

»Hast du ein Taxi gerufen?«, wandte sich Steve lächelnd an Naomi. Einen Sekundenbruchteil erwiderte die bildhübsche Wissenschaftlerin das Lächeln.

Sie waren nur hundert Meter von der offenen Tür des Labors entfernt. Dort gab es keine Probleme. Vier Treppenfluchten. Steve tätschelte das Motorrad. Auch kein Problem. »Wir müssen nur zum Hubschrauberlandeplatz auf dem …« Steve verstummte. Er erblickte jemanden – nein, *etwas.* Ein Ghul kam hinter einem schrottreifen Geländewagen hervorgeschlurft und näherte sich ihnen. Er war klein und langsam; selbst zu Fuß hätten Steve und Naomi ihm mühelos entkommen können. Doch Steve hatte nicht vor zu fliehen. Noch nicht. »Lass den Motor laufen«, sagte er, und diesmal widersprach Naomi nicht.

Trotz der verfaulten Haut, dem getrockneten Blut

und den leblosen, milchigen Augen hatte auch sie Theodor Schlozman erkannt. »Geh«, sagte sie nur.

Steve stieg von dem Motorrad ab und schlenderte langsam, fast beiläufig zu dem anrückenden Ghul.

»Hey, Doc«, sagte er leise und mit einer Stimme, so kalt wie der arktische Tod. »Versuchen Sie immer noch, Mutter Erde vor ihren verdorbenen Kindern zu retten?«

Schlozman öffnete langsam den Mund. Abgebrochene, fleckige Zähne ragten aus Fetzen verwesenden Zahnfleischs heraus. »Huuuuuuuuuaaaaaaaaa«, krächzte der ehemalige Nobelpreisträger und streckte die blutigen Hände nach Steves Hals aus.

Der Soldat ließ ihn fast nahe genug herankommen, dass er ihn berühren konnte. »Wie Sie stets zu sagen pflegten«, höhnte er, »Arme sind zum Umarmen da«, und damit schwang er Musashi wie das Gewehr einer Ehrengarde und schnitt Schlozman die Finger ab, dann Hände und Unterarme, bevor er in die Luft sprang und dem Paläoklimatologen mit einem heftigen Tritt den Kopf zur Seite schleuderte.

Das Gehirn, das einst als »Krönung der Evolution« bezeichnet worden war, schoss explosionsartig aus dem zertrümmerten Schädel. So gut wie unversehrt wirbelte es in Richtung der Buell und landete mit einem feuchten Klatschen unmittelbar vor dem Vorderreifen. *Tor.*

Der Soldat steckte das Schwert in die Scheide und kehrte bedächtig zu Naomi zurück.

»Sind wir fertig?«, fragte sie.

Steve blickte zu dem Blackhawk hoch, der deutlich näher gekommen war. Noch fünf Minuten, bis er auf dem Dach landete. *Gerade rechtzeitig.* »Ich musste nur noch den Müll rausbringen«, sagte er, ohne sie anzusehen.

Er ließ den Motor aufheulen und spürte Naomis festen Griff um die Taille. »Da hinten«, sagte sie und neigte den Kopf zu der Stelle, wo er sie gerettet hatte. »Hast du mich da ›Baby‹ genannt?«

Steve legte mit Unschuldsmiene den Kopf schief und sprach das einzige französische Wort, das er jemals lernen wollte: »Moi?«

Steve gab Gas, und das Gehirn von Professor Theodor Emile Schlozman zerplatzte unter dem durchdrehenden Gummi wie eine überreife Tomate. Steve grinste und donnerte mit dem Motorrad in Richtung …

Fred schlug das Buch zu. Er hätte schon vor ein paar Seiten aufhören sollen. Die Schmerzen hinter seinen Augen hatten sich mittlerweile bis in Stirn und

Nacken ausgebreitet. Meistens gelang es ihm, die konstanten Kopfschmerzen einfach zu ignorieren. Meistens waren sie nichts weiter als ein dumpfer Pulsschlag. Aber in den letzten Tagen waren sie fast unerträglich geworden.

Er legte sich flach auf den Rücken; seine Haut klebte an dem glatten Granitboden. Den Kopf bettete er auf den öligen, verkrusteten Fetzen, der einmal sein T-Shirt gewesen war, und versuchte, sich auf den Mittelpunkt der Decke zu konzentrieren. Die Lampe über seinem Kopf sah fast aus, als wäre sie an. Um diese Zeit des Nachmittags fiel das Sonnenlicht durch das kleine Fenster auf die Prismen des Lampenschirms aus Kristall. Funkelnde Regenbogenmuster in unzähligen Farben zogen über die beige Tapete. Dies war ihm die liebste Zeit des Tages; wenn er sich überlegte, dass ihm das bei seiner Ankunft hier nicht einmal aufgefallen war …

Das dürfte ich als Einziges vermissen, wenn ich hier rauskomme.

Und dann hörte es auf. Die Sonne war weitergezogen.

Daran hätte er denken, besser planen müssen. Hätte er gewusst, um welche Uhrzeit es passierte, hätte er bis dahin lesen können. Vermutlich hätte er dann auch nicht so schlimme Kopfschmerzen. Er sollte eine Uhr tragen. Warum trug er keine Uhr? *Dumm.* Sein Handy hatte immer die Uhrzeit angezeigt, und das Datum, und … alles. Jetzt war sein Handy tot. Wann war das passiert?

Schöne Vorbereitungen, Arschloch.

Fred schloss die Augen. Er massierte sich die Schläfen. Keine gute Idee. Mit der ersten Aufwärtsbewegung riss er den Schorf zwischen Haut und Fingernägeln auf. Die Schmerzen entlockten ihm ein kurzes Zischen. *Blöder Idiot!* Er atmete langsam aus und versuchte, sich zu beruhigen. *Nicht vergessen …*

Er schlug die Augen auf. Ließ den Blick über die Wand schweifen. *Hundertneunundsiebzig,* zählte er. *Hundertachtundsiebzig.* Das funktionierte noch. *Hundertsiebenundsiebzig.*

Zählen … und wieder zählen, jeden blutigen Faustabdruck, jede Fußspur, jede panisch, hektisch eingedrückte Stirn. *Hundertsechsundsiebzig.*

Das passiert, wenn man nicht aufpasst. Geh da NICHT wieder hin!

Es funktionierte immer, auch wenn es jedes Mal ein wenig länger zu dauern schien. Letztes Mal hatte er bis einundvierzig runtergezählt. Diesmal kam er bis neununddreißig.

Du hast dir was zu trinken verdient.

Aufzustehen bedeutete Schmerzen. Sein Rücken

tat weh. Seine Knie taten weh. Seine Schenkel, Waden und Knöchel brannten ein wenig. Ihm wurde schwindlig. Darum hatte er die morgendlichen Dehnübungen aufgegeben. Das Schwindelgefühl war schlimmer als alles andere. Beim ersten Mal war er zu schnell hochgefahren; nach dem Sturz pochte der Bluterguss in seinem Gesicht noch immer. Diesmal, dachte er, hatte er es langsam genug bewerkstelligt. *Aber falsch, du Schwachkopf.* Fred ließ sich wieder auf die Knie sinken. Das war sicherer. Er hielt den Kopf nach rechts gedreht; aus diesem Winkel sah man *immer* nach rechts! Eine Hand auf dem Rand, um sich abzustützen. Mit der anderen tauchte er die Colaflasche aus Plastik in das Becken. Das Wasser war nur ein paar Grad kälter, aber das reichte aus, ihn wieder voll zu Bewusstsein zu bringen. *Ich muss mehr trinken, nicht nur wegen der Dehydrierung, sondern auch, damit ich nicht wegdöse.*

Vier Schlucke. Er wollte es nicht übertreiben. Die Leitungen funktionierten noch. Vorerst. Aber lieber haushalten. Lieber schlau sein. Sein Mund war trocken. Er versuchte zu gurgeln. Auch keine gute Idee. Aller Schmerz schlug auf einmal über ihm zusammen: die Risse in den Lippen, die Schwären am weichen Gaumen, die Infektionsbläschen an der Zungenspitze, die davon herrührten, dass er unachtsam versucht hatte, letzte Essensreste aus den Zahnzwischenräumen zu pulen. *Genützt hat es auch nichts.*

Fred schüttelte angewidert den Kopf. Er dachte nicht richtig nach. Er hatte die Augen offen gelassen, und da machte er den größten Fehler des Tages. Er schaute nach links. Und blickte in den großen Wandspiegel.

Ein trauriger kleiner Schwächling blickte ihm entgegen. Blasse Haut, verfilztes Haar, blutunterlaufene, tief in den Höhlen liegende Augen. Er war nackt. Die Hausmeisteruniform passte ihm nicht mehr. Er lebte nur noch vom eigenen Körperfett.

Loser. Keine Muskeln, nur Fett.

Memme. Haarige, fleckige Haut, schlaffe Speckwülste.

Jämmerlicher Scheißkerl!

Hinter ihm, an der Wand gegenüber, befanden sich die anderen Spuren, die er hinterlassen hatte. Tag zwei, als er alle Versuche aufgab, das kleine, fünfundzwanzig mal fünfundzwanzig Zentimeter große Fenster mit Fingernägeln und Zähnen zu vergrößern. Tag vier, als er zum letzten Mal festen Stuhlgang gehabt hatte. Tag fünf, als er endlich aufhörte, um Hilfe zu rufen. Tag acht, als er versuchte, seinen Ledergürtel zu essen, weil er das einmal bei

Pilgern in einem Film gesehen hatte. Es war ein schöner, dicker Gürtel, ein Geburtstagsgeschenk von …

Nein, nicht daran denken.

Tag dreizehn, als Erbrechen und Durchfall aufhörten. Was zum Teufel war in dem Leder gewesen? Tag siebzehn, als er zu schwach wurde, um zu masturbieren. Und jeden Tag Schluchzen und Flehen, stumme Abmachungen mit Gott und winselnde Rufe nach …

Nicht.

Jeden Tag, der zu Ende ging, kauerte er in Embryonalhaltung, weil es nicht genügend Platz gab, sich zu strecken.

DENK NICHT AN SIE!

Aber natürlich dachte er an sie. Er dachte jeden Tag an sie. Er dachte jede Minute an sie. Er redete in seinen Träumen mit ihr und auch in dem Niemandsland zwischen Träumen und Realität.

Es ging ihr gut. Es *musste* ihr gut gehen. Sie konnte auf sich aufpassen. Immerhin kümmerte sie sich noch um ihn, oder nicht? Darum wohnte er noch zu Hause. Er brauchte sie, nicht umgekehrt. Ihr ging es bestimmt gut. Natürlich ging es ihr gut.

Er versuchte, nicht an sie zu denken, aber natürlich dachte er trotzdem andauernd an sie, und natürlich folgten die anderen Gedanken immer auf dem Fuß.

Versager! Hast nicht auf die Warnungen gehört! Bist nicht abgehauen, als es noch ging!

Versager! Hast dich in diesem winzigen Zimmer einsperren lassen, nicht einmal im Badezimmer, nur in der winzigen Toilettenkabine, und trinkst aus dem verdammten Scheißhaus!

Versager! Hast nicht einmal genügend Mumm aufgebracht, den Spiegel zu zerschlagen und das einzig Ehrbare zu tun! Und wenn sie jetzt reinkommen, hast du nicht mal mehr genügend Kraft!

Versager, VERSAGER!

»VERSAGER!«

Er hatte es laut gesagt. Mist.

Als es laut gegen die Tür pochte, drückte er sich an die Wand gegenüber. Inzwischen waren es mehr; er hörte ihr Stöhnen durch den Flur hallen. Im Einklang mit dem, das von der Straße heraufdrang. Die hatten da unten wie ein Ozean gewirkt, als er sich zum letzten Mal auf die Kloschüssel gestellt und nachgesehen hatte. Neun Stockwerke tiefer wogten sie wie eine solide Masse, fast so weit das Auge reichte. Das Hotel musste mittlerweile vollkommen verseucht sein, jede Etage, jedes Zimmer. In der ersten Woche hatte er Getrampel durch die Decke über ihm gehört. In der ersten Nacht hatte er Schreie gehört.

Wenigstens wussten sie nicht, wie man eine Schiebetür öffnet. Sein Glück: Wäre es eine Schwingtür gewesen und keine zum Schieben, hätte sie aus Sperrholz bestanden, nicht aus solidem Holz, wären sie schlau genug, zu begreifen, wie man sie öffnete, wäre die Tür an der Rückseite des Badezimmers gewesen, statt an der Seite …

Je mehr die im Schlafzimmer drückten, desto mehr quetschten sie die anderen im Bad hilflos gegen die Rückwand. Wäre es eine gerade Linie gewesen, hätte ihr gemeinsames Gewicht, ihre schiere Anzahl …

Er war in Sicherheit. Sie kamen hier nicht rein, so sehr sie auch kratzten und drängten und stöhnten … und *stöhnten.* Das Toilettenpapier in seinen Ohren hatte nicht mehr die Wirkung wie früher. Zu viel Ohrenschmalz ließ es an den Ohrkanälen kleben. Hätte er doch nur mehr davon aufgehoben und nicht versucht, es zu essen.

Vielleicht ist es gar nicht so schlecht. Immer wieder versuchte er, sich zu trösten. *Wenn Rettung kommt, muss ich ja den Hubschrauber hören können.*

So war es besser. Wenn das Stöhnen zu schlimm wurde, griff Fred nach dem Buch; noch so ein

Glücksfall, den ihm die Flucht in diese Kabine beschert hatte. Wenn er hier wieder rauskam, musste er unbedingt den Besitzer ausfindig machen und ihm dafür danken, dass er es neben der Kloschüssel vergessen hatte. »Mann, nur wegen diesem Buch habe ich die ganze Zeit über nicht den Verstand verloren!«, würde er sagen. Na ja, vielleicht nicht mit diesen Worten. Er hatte sich an die hundert solcher Ansprachen überlegt, die er bei ein paar Tiefkühlmahlzeiten halten könnte, oder besser gesagt, ein paar TFGs. So wurden sie auf Seite 238 genannt: »Tiefgefrorene Fertiggerichte.« Wurden die tatsächlich mit chemischen Kochzusätzen direkt in der Verpackung warm gemacht? Die Stelle musste er noch mal durchlesen. Aber morgen. Seite 361 war seine Lieblingsstelle; 361 bis 379.

Es wurde dunkel. Diesmal würde er aufhören, bevor die Kopfschmerzen zu schlimm wurden. Danach vielleicht ein paar Schlucke Wasser und dann früh schlafen. Fred schlug mit dem Daumen die eselsohrige Seite auf.

Zombieparade

Wir bezeichneten sie als »Subtote«, und für uns waren sie wenig mehr als ein Witz. Sie waren so langsam, unbeholfen und dumm. So dumm. Als Bedrohung sahen wir sie nie an. Warum auch? Sie existierten neben uns, unter uns, besser gesagt, und loderten manchmal wie Buschbrände empor, seit die ersten Primaten von den Bäumen gestiegen waren. Fanum Cocidi, Fiskurhofn, wir hatten die Geschichten alle gehört. Einer von uns behauptete sogar, dass er in Castra Regina dabei gewesen wäre, allerdings empfanden wir ihn als ziemlichen Angeber. Zu allen Zeiten haben wir ihr ungeschicktes Aufbegehren und die gleichermaßen ungeschickten Reaktionen der Menschheit miterlebt. Eine ernsthafte Bedrohung sind sie nie gewesen, weder für uns noch für die Sonnenbrüter, die sie verschlangen. Sie waren immer ein Witz gewesen. Und darum lachte ich wieder, als ich von einem neuerlichen Ausbruch in Kampong Raja hörte. Laila hatte mir in jener warmen, stillen Nacht vor zehn Jahren davon erzählt.

»Es ist nicht das erste Mal. Ich meine, nicht nur in diesem Jahr.« Ihr Tonfall klang gelinde fasziniert, als würden wir uns über irgendein seltenes Naturschauspiel unterhalten. »Andere sprechen von Thailand, Kambodscha, möglicherweise sogar Burma.« Ich lachte erneut, sagte möglicherweise etwas Geringschätziges über Menschen und fragte mich, wie lange sie brauchen würden, den Schlamassel aufzuräumen. Erst einige Monate später dachte ich wieder daran. Die Gerüchte waren nicht verstummt. Wir mussten uns um Anson kümmern, einen Besucher aus Australien. Er hielt sich wegen des »Sports« hier auf, wie er sich ausdrückte, wegen der Chance, »ein klein wenig Lokalkolorit mitzubekommen«. Wir waren beide überaus eingenommen von Anson: groß, bildhübsch und sehr, sehr jung. Er erinnerte sich nicht an eine Zeit vor Audionachrichten und Metalldrachen. Beneidenswerte Lebensfreude funkelte in seinen fröhlichen Augen.

»Die haben es bis nach Oz geschafft«, sagte er kindlich aufgeregt. Wir standen auf dem Balkon und sahen das Feuerwerk von Hari Merdeka über den Petronas Towers erblühen. »Ist das nicht erstaunlich?«, ereiferte er sich, und wir dachten beide, dass er das Feuerwerk meinte. »Zuerst glaubte ich, sie können schwimmen, und das können sie natürlich auch, wissen Sie, freilich nicht im herkömmlichen Sinne ... sie waten mehr unter Wasser. Aber so kamen sie nicht nach Queensland. Sondern mit illegalen Bootsflüchtlingen. Unschöne Sache, habe ich gehört, wurde natürlich sofort vertuscht und so weiter. Hätte ich doch nur die Möglichkeit gehabt, welche zu sehen! Hatte ich leider nie, wissen Sie, nicht ›leibhaftig‹.«

»Gehen wir heute Abend!«, rief Laila plötzlich dazwischen. Ich sah, dass der Enthusiasmus unseres Gastes sie angesteckt hatte. Ich wollte etwas über die Entfernung vor Einbruch der Dämmerung einwenden, doch sie unterbrach mich mit:»Nein, nicht dorthin. Gleich hier, heute Abend! Wie ich gehört habe, kam es heute zu einem erneuten Ausbruch, nur wenige Stunden entfernt, nahe Jerantut. Wir müssen vermutlich ein Stück in den Busch vorstoßen, aber ist das nicht schon der halbe Spaß?« Ich war neugierig, das muss ich zugeben. Monate der Gerüchte und ein Leben voller Geschichten forderten ihren Tribut. Ich gestand ihnen, wie ich es mir heute selbst eingestehe, dass ich tatsächlich einmal einen »leibhaftig« sehen wollte.

Wenn man einer von uns ist, vergisst man nur zu leicht, wie schnell der Rest der Welt sich weiterentwickeln kann. So viel Dschungel war scheinbar binnen eines Augenblicks verschwunden und Schnellstraßen, Reihenhäusern und meilenlangen Palmölplantagen gewichen. »Fortschritt«, »Entwicklung«, und das über Nacht, hätte man den Eindruck gewinnen können. Laila und ich waren durch die behelfsmäßigen, unbeleuchteten Straßen einer neuen Bergarbeiterstadt namens Kuala Lumpur gezogen. Ich war ihr von Singapur hierher gefolgt, weil unser vorheriges Zuhause »zu zivilisiert« geworden war … Jetzt fuhr unser Lexus LSA einen Fluss aus Asphalt und künstlichem Tageslicht hinab.

Wir rechneten nicht mit einer Straßensperre, und die Polizei rechnete nicht mit uns. Sie fragten uns weder, wohin wir wollten, noch überprüften sie unsere Ausweise oder wiesen uns darauf hin, dass wir illegalerweise drei Personen in ein zweisitziges Kraftfahrzeug gequetscht hatten. Der Polizist winkte uns einfach fort, zeigte mit einer Hand – er trug weiße Handschuhe – den Weg zurück, den wir gekommen waren, und ließ die andere zitternd auf dem Griff seiner Waffe ruhen. Nie werde ich seinen Geruch vergessen, den des Polizisten hinter ihm oder den der Kompanie Soldaten hinter den beiden. Seit den 1969er Rassenunruhen hatte ich nicht mehr eine derart konzentrierte Angst gerochen. (Oh, was war das für eine großartige Zeit gewesen.) Ich sah

Laila im Gesicht an, wie sehr sie sich wünschte, nach unserem Abenteuer zu der Straßensperre zurückzukehren. Anscheinend las sie in meinem Gesicht dasselbe. »Vorsichtig«, flüsterte sie und stieß mir verspielt einen Finger in die Rippen. »Es ist nicht sicher, wenn man betrunken fährt.«

Den zweiten Geruch bemerkten wir mehrere Minuten später, als wir die Straße verlassen hatten und über den Baumwipfeln zu der Stelle zurückkehrten. Die olfaktorischen Eindrücke stürmten wie eine solide Wand auf uns ein, menschliche Angst und verwesendes Fleisch. Sekundenbruchteile später tat uns fernes Gewehrfeuer in den Ohren weh.

Das Viertel musste speziell für die Plantagenarbeiter angelegt worden sein. Hübsche, kleine Reihenhäuschen an breiten, frisch asphaltierten Straßen. Wir sahen Geschäfte, Restaurants, zwei Grundschulen und die große katholische Kirche für unsere philippinischen Gastarbeiter. Von der Kirchturmspitze, dem höchsten Punkt in dieser Fertigbausiedlung, betrachtete ich fassungslos das Gemetzel tief unten. Zuerst bemerkte ich die Brände, dann die Blutflecken, danach die Schleifspuren und Einschusslöcher in einigen der Häuser, die teilweise aussahen, als hätte ein wütender Mob die Türen und Fenster eingeschlagen. Die Toten bemerkte ich zuletzt, was möglicherweise daran lag, dass sie längst abgekühlt waren. Größtenteils zerfetzt, eine Mischung aus Gliedmaßen und Torsos zwischen vereinzelten Organen und amorphen Fleischklumpen. Einige Leichname sahen vollkommen unversehrt aus; mir fielen die kleinen, runden Löcher mitten in den Stirnen auf. Ich streckte den Arm aus, da ich Laila darauf hinweisen wollte, und stellte fest, dass sie und Anson unseren Aussichtspunkt auf dem Dach verlassen hatten. Vermutlich waren sie in Richtung der Schüsse verschwunden.

Für einen Augenblick überkamen mich Erinnerungen, da das sensorische Bankett massenhaften menschlichen Sterbens nostalgische Empfindungen in mir wachrief. Einen Moment lang befand ich mich wieder in den 1950er Jahren und streifte auf der Suche nach menschlicher Beute durch den Dschungel. Laila und ich sprachen immer noch ganz verzückt von dem »Notfall«, wie wir die Witterung von kommunistischen Aufständischen oder Commonwealth-Kommandos aufnahmen, wie wir aus den Schatten heraus zuschlugen, während unsere Gegner vor Panik die Waffen abfeuerten (und sich einnässten), wie wir uns gierig an den letzten saftigen Tropfen ihrer hektisch klopfenden Herzen labten. »Wenn doch nur«, sollten wir noch Jahrzehnte später lamentieren, »wenn doch nur der Notfall von Dauer gewesen wäre.«

Ich habe gehört, je mehr Erinnerungen man anhäuft, desto weniger Platz für bewusstes Denken hat der Verstand. Für andere kann ich nicht sprechen, aber in meinem Alter und mit den Erinnerungen an so viele Leben, die sich in meinem uralten Schädel drängen, leide ich hin und wieder an kleinen Anfällen von »Gedächtnisschwund«. Während so eines Anfalls, als mir die jüngste Vergangenheit entfiel und ich mir unbewusst die Lippen leckte, stieß ich von meinem erhöhten Aussichtspunkt herab, umrundete eine Ecke der Kirche und stieß praktisch mit einem von ihnen zusammen. Es war ein Mann, oder vor Kurzem noch einer gewesen. Die rechte Seite seines Körpers sah noch einigermaßen passabel aus. Die linke Seite war weitgehend verbrannt. Dunkle, zähe Flüssigkeit lief aus zahlreichen dampfenden Wunden. Der linke Arm war unter dem Ellbogen sauber abgetrennt, wie von einer Maschine, wahrscheinlicher jedoch von einem dieser großen Hackmesser, die die Arbeiter bei der Ernte benutzen. Das linke Bein zog er leicht nach, sodass er eine flache Spur hinter sich zurückließ. Als er näher kam, wich ich instinktiv zurück und duckte mich für einen tödlichen Hieb.

Und dann geschah das Unerwartete. Er, es, schlurfte einfach langsam an mir vorbei. Es wandte sich nicht in meine Richtung. Das eine unbeschadete Auge stellte nicht einmal Blickkontakt mit meinen her. Ich winkte mit der Hand vor seinem Gesicht. Nichts. Ich trat neben es und hielt mehrere Sekunden mit ihm Schritt. Nichts. Ich ging sogar so weit, mich direkt vor es hinzustellen. Der stumme Klotz hielt nicht inne, sondern lief einfach gegen mich, ohne auch nur die Arme zu heben. Ich landete auf dem Bürgersteig und gab einen Laut der Verblüffung von mir, als das subtote Scheusal über mich hinwegtrampelte, ohne auch nur Notiz von mir zu nehmen!

Später wurde mir klar, wie töricht es gewesen war, eine andere Reaktion zu erwarten. Warum hätte es mich erkennen sollen? War ich »Nahrung«? War ich im menschlichen Sinne überhaupt »lebendig«? Diese Kreaturen gehorchten ausschließlich ihrem biologischen Imperativ, und dieser Imperativ trieb sie an, nach »lebenden« Wesen zu suchen. Für sein primitives, verseuchtes Gehirn blieb ich praktisch unsichtbar, ein Hindernis, das man ignorierte und, im günstigsten Falle, mied. Einen Moment konnte ich über meine absurde Situation nur kichern wie ein Kind, während diese jämmerliche Monstrosität ihren verstümmelten Kadaver über mich hinwegschleppte.

Dann stand ich wieder auf, holte mit dem rechten Arm aus und schlug zu. Ich kicherte erneut, als sich der Kopf mühelos von den Schultern löste, heftig von dem Haus gegenüber abprallte und vor meinen Füßen zu liegen kam. Das eine funktionstüchtige Auge bewegte sich weiterhin, suchte weiterhin und ignorierte mich witzigerweise weiterhin. So begegnete ich zum ersten Mal etwas, das die menschlichen Sonnenbrüter »Zombie« nannten.

Die folgenden Monate könnte man als »Nächte der Verleugnung« bezeichnen. Es waren Nächte, in denen alles seinen gewohnten Lauf nahm und wir uns bemühten, die Gefahr zu ignorieren, die in zunehmendem Maße um uns herum wuchs. Wir redeten kaum über die Subtoten, verschwendeten wenig Gedanken an sie und kümmerten uns nicht um die Nachrichten, die uns auf dem neuesten Stand gehalten hätten. Es kursierten eine Menge Geschichten – unter den Menschen und unseresgleichen – über Subtote, die auf jedem Kontinent auftauchten. Sie waren zusammenhanglos und unstimmig und größtenteils langweilig. Irgendwie schienen wir ständig gelangweilt zu sein; das ist wohl der Preis für ein Dasein in der Unsterblichkeit. »Ja, ja, wir haben von Paris gehört, was soll damit sein?« »Natürlich weiß ich das von Mexico City, wer nicht?« »Oh, Pest und Hölle, sollen wir uns schon wieder über Moskau unterhalten?« Drei Jahre lang verschlossen wir die Augen, die Ausmaße der Krise wuchsen, die Menschen starben entweder oder wurden verwandelt.

Und im vierten Jahr wurden die »Nächte der Verleugnung« zu den ironisch betitelten »Nächten des Ruhms«. Das war, als die Öffentlichkeit endlich weltweit alles über das Ausmaß der Bedrohung erfuhr und die Regierungen ihren Völkern die Art der Krise enthüllten. Da begann der Verfall der globalen Systeme, brachen Bündnisse zwischen Staaten, lösten nationale Grenzen sich auf, wurden unbedeutende Kriege geführt, kam es weltweit zu massenhaften Aufständen. Für unsere Art begann eine Phase ungezügelter, feierlicher Ekstase.

Jahrzehnte hatten wir uns über die erdrückende Verbundenheit der Sonnenbrüter beklagt. Eisenbahnen und Elektrizität, ganz zu schweigen von Telegrafen und dem verfluchten Telefon, hatten stets eine enorme Belastung für unsere Raubtiernatur dargestellt! In letzter Zeit jedoch, mit dem drastischen Anstieg von Terrorismus und Telekommunikation, hätte man den Eindruck gewinnen können, als bestünde jede Wand aus Glas. Einst hatten wir Singapur den Rücken gekehrt, dann dachten Laila und ich ernsthaft darüber nach, die malaiische Halbinsel ganz zu verlassen. Wir sprachen von Sarawak oder gar Sumatra, irgendeinem Ort, wo das Licht der Erkenntnis die dunklen Ecken unserer Freiheit noch nicht verdrängt hatte. Doch nun schien ein Exodus überflüssig, da die Lichter barmherzigerweise nach und nach erloschen.

Zum ersten Mal seit Jahren konnten wir jagen und mussten dabei keine Angst vor Handys oder Überwachungskameras haben. Wir konnten im Rudel jagen und sogar über unseren zappelnden Opfern verweilen. »Ich hatte schon fast vergessen, wie richtige Nächte aussehen«, stieß Laila einmal während einer Jagd hervor, als der Strom ausgefallen war. »Oh, was für ein gütiger Umstand ist doch das Chaos!« In jenen Nächten verspürten wir den Subtoten und der befreienden Ablenkung gegenüber, die sie darstellten, noch richtige Dankbarkeit.

In einer denkwürdigen Nacht erklommen Laila und ich die Balkone des Coronade-Hotels. Unter uns auf der Sultan-Ismail-Straße feuerten Regierungstruppen einer Horde anrückender Kadaver Leuchtspurgeschosse entgegen. Es war ein faszinierendes Schauspiel, so viel konzentrierte Militärmacht; sie zerfetzten, verwüsteten, pulverisierten die Subtoten und konnten sie dennoch nicht besiegen. Einmal waren wir gezwungen, auf das Flachdach des Sugei

Wang Plaza zu springen (eine beachtliche Leistung), als die Druckwelle einer Bombenexplosion Glasscherben von den Fenstern des Hotels regnen ließ. Es erwies sich als glückliche Entscheidung, denn auf dem Dach des Plaza drängten sich mehrere hundert Flüchtlinge. An den Lebensmittelverpackungen und leeren Wasserflaschen sah ich, dass die armen Teufel hier schon einige Zeit festsitzen mussten. Sie rochen ungewaschen und erschöpft und so zutiefst und verführerisch ängstlich.

Darüber hinaus entsinne ich mich freilich kaum noch an etwas, abgesehen von Gewaltausbrüchen und den Rücken flüchtender Beute. An das Mädchen freilich erinnere ich mich genau. Es musste vom Land gekommen sein; so viele strömten damals in die Städte. Glaubten seine Eltern wirklich, dass sie es in Sicherheit brachten? Hatte es überhaupt noch Eltern? Sein Geruch war frei von den Unreinheiten moderner Großstadtbewohner, keine eingenommenen Hormone oder Rauschmittel, nicht einmal der kumulative Gestank von Umweltgiften. Ich delektierte mich an seiner köstlichen Reinheit und verfluchte mich später dafür, dass ich in meiner Vorfreude zauderte. Es sprang, ohne zu zögern, ohne einen Aufschrei. Ich sah es direkt in die stöhnende, zuckende Horde stürzen.

Die Subtoten bewegten sich wie eine Maschine, ein langsamer, zielstrebiger Mechanismus mit dem einzigen Sinn und Zweck, aus einem kreischenden Menschenkind eine Masse unkenntlichen Fleisches zu machen. Ich weiß noch, wie seine Brust den letzten Atemzug tat, seine Augen mit einem letzten Funken der Erkenntnis zu mir aufblickten, bevor es in einem Meer aus Händen und Zähnen verschwand.

In meiner Jugend hatte ich mir die Erinnerungen eines alten Bewohners des Okzidents über den Untergang Roms anhören müssen und vor Neid mit den Zähnen geknirscht, wenn ich an das langsame Ende dieses Weltreiches dachte. »Eine halbe Zivilisation niedergebrannt«, brüstete er sich, »ein halber Kontinent, der in einem Jahrtausend der Anarchie versank.« Mir lief angesichts seiner Geschichten über die Jagd in den gesetzlosen Ländern Europas buchstäblich das Wasser im Mund zusammen. »Es war eine Freiheit, wie ihr Asiaten sie nie gesehen habt und, fürchte ich, auch niemals sehen werdet!« Wie begründet diese Vorhersage noch vor einem knappen Jahrzehnt gewesen war. Heute hallte sie so hohl wie die Hülle unserer zerfallenden Gesellschaft.

Ich bin nicht sicher, wann unsere Ekstase der Nervosität wich. Es dürfte schwierig sein, den exakten

Augenblick zu bestimmen. Für mich persönlich gab Nguyen den Ausschlag, ein alter Freund aus Singapur. Er war vietnamesischer Abstammung, gebildet und hochintelligent, hatte viel Zeit in Paris verbracht und dort den französischen Existenzialismus studiert. Das mag erklären, weshalb er sich nie rückhaltlos der für unsere Gattung so typischen kapriziösen Suche nach Lust hingegeben hat. Es könnte auch erklären, weshalb er meines Wissens als Erster Alarm schlug.

Wir hatten uns auf Penang getroffen. Laila und ich waren gezwungen, KL den Rücken zu kehren, als ein unkontrolliertes Feuer am helllichten Tag unseren gesamten Häuserblock bedrohte. Auf diese Weise hatten wir jüngst mehrere unserer Art verloren. Wir hatten gar nicht ganz begriffen, wie angenehm unser Leben in letzter Zeit geworden war; eingeschränkt, ja, aber auch extrem angenehm. Überwiegend verzichteten wir längst auf befestigte Unterschlüpfe. Die Notwendigkeit dafür war zusammen mit Forken und Fackeln verschwunden. Die meisten von uns lebten inzwischen wie die Sonnenbrüter, in komfortablen und in manchen Fällen opulenten Stadtwohnungen.

Anson hatte in so einer Unterkunft gelebt, in einem funkelnden Wolkenkratzer hoch über dem Hafen von Sydney. Doch diese Stadt war, wie der

Rest unserer Welt, zu einem von Subtoten belagerten Irrenhaus geworden. Und wie beim Rest unserer Art war sein Appetit in blutige, bacchantische Wonnen ausgeartet. Soweit wir hörten, hatte er sich eines Morgens in sein Hochhaus-Alcazar zurückgezogen, als die australische Regierung gerade den Befehl gab, das Militär einzusetzen. Niemand ist sicher, wieso sein Gebäude einstürzte. Die Theorien darüber reichten von fehlgeleitetem Artilleriefeuer bis hin zu Sprengsätzen, die tief unter der Stadt gezündet wurden. Wir hofften, der arme Anson wäre bei der Explosion zerfetzt oder rasch durch die Morgensonne vernichtet worden. Uns entsetzte der Gedanke, er könnte unter Tonnen von Schutt eingeklemmt liegen, wo ihn winzige Sonnenstrahlen peinigten, während die Lebenskraft langsam aus ihm entwich.

Nguyen hätte fast ein ähnliches Schicksal erlitten. Er hatte Verstand genug besessen, am Vorabend einer Offensive der Sonnenbrüter aus Singapur zu verschwinden. An dem Abend musste er über die Straße von Johor hinweg mit ansehen, wie das Land, das er seit mehr als dreihundert Jahren seine Heimat nannte, vollständig niederbrannte. Darüber hinaus besaß er die Geistesgegenwart, den Schmelztiegel von KL zu meiden und sich zur neuen »Sicherheitszone« der Sonnenbrüter auf Penang zu begeben.

Millionen Flüchtlinge scharten sich an dem mehrere hundert Quadratkilometer großen bebauten Küstenstreifen. Mit ihnen kamen Dutzende unserer Art, manche von weit entfernten Orten wie Dhaka. Es gelang uns, einige entlegene Domizile zu »akquirieren«, indem wir die menschlichen Vorbesitzer ausschalteten und uns gegen einen zu erwartenden zukünftigen Ansturm schützten. Was unserer neuen Heimstatt an Komfort fehlte, machte sie durch Sicherheit wieder wett. Jedenfalls redeten wir uns das ein, während die Situation sich zunehmend verschlechterte und ganze Heerscharen von Subtoten immer näher an Penang heranrückten. In einem dieser Domizile verlieh Nguyen nach einer Nacht der Jagd in den umliegenden Flüchtlingslagern erstmals seiner Besorgnis Ausdruck.

»Ich habe Berechnungen angestellt«, sagte er nervös, »und diese Berechnungen sind … beängstigend.« Zuerst wusste ich gar nicht, wovon er redete. Die sozialen Umgangsformen der älteren Generation sind verkümmert. Je mehr sie sich in ihre Erinnerungen zurückzogen, desto schwerer fiel es, mit ihnen zu kommunizieren. »Hungersnöte, Krankheiten, Suizid, gleichrassige Morde, Kriegsopfer und natürlich die Infektion der Subtoten.« Meine verwirrte Miene schien Bände zu sprechen.

»Die Menschen!« Er fauchte mich ungeduldig an. »Wir verlieren sie! Dieser schlurfende Abschaum rottet sie allmählich aus.«

Laila lachte. »Das haben sie schon immer versucht, und die Menschen haben ihnen stets ein Schnippchen geschlagen.«

Nguyen schüttelte wütend den Kopf. »Diesmal nicht! Nicht in dieser dezimierten Welt, in der wir leben. Es gibt … gab … mehr Menschen als jemals zuvor. Es existierten Reise- und Handelsnetzwerke, die die Menschen wie noch niemals zuvor miteinander verbanden! Darum konnte sich die Seuche so schnell und so weit ausbreiten! Die Menschen haben eine Welt historischer Widersprüche geschaffen. Sie haben physikalische Distanzen nivelliert und dabei gleichzeitig soziale und emotionale errichtet.« Er seufzte zornig angesichts unserer verständnislosen Mienen. »Je mehr die Menschen ihren Einflussbereich auf dem Planeten ausgedehnt haben, desto stärker verspürten sie den Wunsch, sich in sich selbst zurückzuziehen. Die schrumpfende Welt schuf eine höhere Stufe materiellen Wohlstands, und diesen Wohlstand nutzten sie, um sich voneinander zu isolieren. Darum gab es, als die Seuche sich ausbreitete, keine globale oder auch nur nationale Mobilmachung! Darum arbeiteten die Regierungen in relativer Geheimhaltung und vergeblich, während die Bevölkerung sich um ihre kleinkarierten Privatinteressen kümmerte! Der durchschnittliche Sonnenbrüter begriff erst, was da vor sich ging, als es zu spät war! Und es ist FAST zu spät! Ich habe nachgerechnet! Der Homo sapiens nähert sich dem kritischen Punkt, da er sich nicht mehr selbst erhalten kann. Nicht mehr lange, und es dürfte mehr Subtote als Menschen geben!«

»Na und?« Diese Worte und den beiläufigen, gelangweilten Tonfall, mit dem Laila sie aussprach, werde ich nie vergessen. »Gibt es eben ein paar Sonnenbrüter weniger, und wenn schon? Wie du gesagt hast, wenn sie zu egoistisch oder zu dumm sind, die Subtoten daran zu hindern, sie zu jagen, warum sollte uns das interessieren?«

Nguyen sah sie an, als wäre die Sonne in Lailas Augen aufgegangen. »Du verstehst es nicht«, stieß er krächzend hervor. »Du hast es wirklich und wahrhaftig nicht begriffen.« Er verstummte ein paar Sekunden, wich mehrere Schritte zurück und sah sich in dem Zimmer um, als hätte er die richtigen Worte irgendwo auf den Boden fallen lassen. »Wir sprechen hier nicht von ein paar Sonnenbrütern weniger, wir sprechen von allen! Von ALLEN!«

Sämtliche Anwesenden im Raum drehten sich

daraufhin zu Nguyen um, doch der bohrte den vorwurfsvollen Blick seiner stechenden Augen weiterhin direkt in Laila. »Die Menschen kämpfen um ihr Überleben! Und sie verlieren!« Er breitete dramatisch die Arme aus und beschrieb einen Halbkreis der Leere. »Und wenn die Letzten von ihnen verschwunden sind, wovon willst du oder irgendein anderer Angehöriger unserer Rasse dann leben!?« Es herrschte Stille. Nguyen ließ den Blick über die Gruppe schweifen. »Denkt denn keiner von euch weiter als bis zur Sättigung der kommenden Nacht? Begreift hier wirklich niemand, was es bedeutet, dass wir jetzt einen anderen Organismus haben, der mit uns um unsere einzige Nahrungsquelle konkurriert!?«

An der Stelle wagte ich eine zaghafte Antwort, etwas in der Art von: »Aber sie … die Subtoten müssen doch irgendwann aufhören. Sie müssen doch wissen …«

»Die wissen GAR NICHTS!«, unterbrach mich Nguyen. »Und du WEISST das! Du KENNST den Unterschied zwischen ihrer und unserer Art! Wir jagen Menschen! Die rotten die Menschheit aus! Wir sind Raubtiere! Die sind eine Seuche! Raubtiere wissen, dass man die Beute nicht zu sehr dezimieren und sich selbst nicht zu sehr vermehren darf! Wir besitzen Verstand genug, dass wir immer mindestens ein Ei im Nest lassen! Wir wissen, unser Leben hängt vom Gleichgewicht zwischen uns und unserer Beute ab! Eine Krankheit weiß das nicht! Eine Krankheit wächst und wächst, bis sie den ganzen Wirt infiziert hat! Und wenn der Tod des Wirts gleichbedeutend mit dem eigenen Tod ist, dann ist das eben so! Eine Krankheit kennt keine Vorstellung von Zurückhaltung oder dem Morgen! Sie kann die langfristigen Auswirkungen ihres Tuns nicht begreifen, so wenig wie die Subtoten! Wir können es! Aber wir denken nicht darüber nach! Wir verdrängen es! Wir FEIERN es sogar! In den letzten Jahren haben wir fröhlich und unbekümmert in der Parade unserer eigenen Ausrottung getanzt!«

Ich sah, wie Laila immer aufgeregter wurde. Sie starrte Nguyen mit einem Raubtierblick in die Augen und fletschte die dünnen Lippen über den Fangzähnen. »Es kommen mehr Sonnenbrüter«, sagte sie mit leiser, fast zischender Stimme. »Es kommen immer welche nach!«

Und das wurde zum Allgemeingut. Vom historischen »Wann hätten die Menschen die Bedrohung durch die Subtoten nicht gemeistert?« über das pragmatische »Ja, das gegenwärtige weltumspannende sozioökonomische System der Menschen mag von der Vernichtung bedroht sein, aber nicht die Menschheit selbst« bis hin zum humorvollen »Solange die Menschen auch weiterhin so hemmungslos Geschlechtsverkehr praktizieren, kommen immer welche nach«. Von Gleichgültigkeit zum Trotz; und so klammerten sich viele unserer Art an das verzweifelte Argument, dass »immer welche nachkommen«. Verzweifelt ist das einzige Adjektiv, das diese neue Phase unserer Existenz beschreibt. Je mehr die Zahl der Subtoten anwuchs, während sie eine menschliche Festung nach der anderen eroberten, desto beharrlicher, dogmatischer, verzweifelter wurde das Argument »Es kommen immer welche nach«.

Und doch waren es nicht die Anhänger des »mehr«, die tagsüber meine Träume heimsuchten. Es waren jene, die wie ich dachten, die Nguyens Logik folgten und selbst »Berechnungen« anstellten. Die Menschheit näherte sich tatsächlich einem kritischen Punkt. Die Subtoten hatten eine Kettenreaktion ausgelöst, genau wie unser vietnamesischer Weiser es prophezeit hatte. Jede Nacht lagen ihre Leichen höher in den Straßen von Penang, den Krankenhäusern und behelfsmäßigen Flüchtlingslagern. Unterernährung, Krankheiten, Selbstmord und Gewaltverbrechen folgten, und dabei hatten die Subtoten noch nicht einmal unsere Zone erreicht.

Wir wussten, es konnten, es würden nicht »immer welche nachkommen«, doch was sollte man tun? Auf den ersten Blick schien die Frage so fremdartig zu sein. Ich schaffte es kaum, sie mir selbst zu stellen, geschweige denn anderen. Da wir uns mittlerweile einer apokalyptischen Bedrohung gegenübersahen, wäre es da nicht die logische Schlussfolgerung gewesen, sie zu bekämpfen? Natürlich … für jeden, nur nicht für eine Rasse passiver Parasiten.

Wir glichen Flöhen, die zusahen, wie ihr Hund um sein Leben kämpfte, und kamen nie auf den Gedanken, dass es in unserer Macht stand zu helfen. Wir hatten die Sonnenbrüter stets als »minderwertige Rasse« betrachtet und auf sie herabgeblickt. Und doch hatte gerade diese Rasse, die tagtäglich mit ihrer eigenen Schwäche und Sterblichkeit konfrontiert wurde, ihr Schicksal in die Hand genommen. Während wir in den Schatten abwarteten, hatten sie gelernt und das Antlitz ihrer Welt verändert. Und es war ihre Welt, nicht unsere. Wir hatten nie Besitzansprüche an unsere »Wirtszivilisation« angemeldet, nie etwas dazu beisteuern oder gar, da sei die Hölle vor, darum kämpfen müssen. Während die großen Umwälzungen, die Kriege und Völkerwanderungen und epischen Revolutionen sich vor unseren Augen abspielten, sehnten wir uns nur nach Blut und

Sicherheit und Erlösung von der Langeweile. Und jetzt, da der Lauf der Geschichte uns in den Abgrund zu reißen drohte, lähmte uns eine fast genetisch bedingte Paralyse.

Diese Erkenntnisse sind natürlich die Frucht späterer Einsicht. So deutlich begriff ich das alles noch nicht, als ich in jener Nacht durch mein Jagdrevier am Temenggor-See streifte. Die Barrikade der Menschen an der Autobahn 4 bildete den jüngsten Wellenbrecher gegen die steigende Flut der Subtoten. Die Militärgarnison, oder was noch davon übrig war, hatte einige behelfsmäßige Befestigungen errichtet, die Brücke jedoch nicht zerstört. Sie müssen immer noch in dem Glauben gelebt haben, sie könnten das gegenüberliegende Ufer zurückerobern. Die zentrale Insel war zur »Quarantänezone« erklärt worden, und in dem früheren Naturschutzgebiet wimmelte es jetzt von »Internierten«. Für unsere Art die ideale Anlage, um ahnungslose Flüchtlinge zu stellen, die sich zu weit von den anderen entfernt hatten. In jener Nacht regierte die Völlerei. Ich hatte mich bereits an zwei Flüchtlingen genährt, als ich meinen Körper reinigte und nach einem dritten suchte. Ein solches Vorgehen war bis vor Kurzem in unserem Volk noch unerhört gewesen, inzwischen jedoch an der Tagesordnung. Vielleicht handelte es sich um eine fehlgeleitete Neigung zur Überkompensation, ein unbewusstes Bedürfnis, Kontrolle über unsere Situation auszuüben. Was die zugrunde liegenden Motive angeht, bin ich immer noch unsicher. Von einer bewussten, emotionalen Warte aus kann ich sagen, dass mir die Jagd kein Fünkchen Spaß mehr machte. Ich verspürte nur noch Wut auf meine Opfer, Wut und eine irrationale Verachtung. Ich tötete unnötig schmerzhaft. Ich stellte fest, dass ich die Leiber meiner Opfer verstümmelte, sie im Augenblick des Todes gar noch verhöhnte.

Einmal ging ich so weit, dass ich mein Opfer mit einem Schlag auf den Kopf außer Gefecht setzte, aber hinreichend bei Bewusstsein ließ, dass es meine Worte hören konnte. »Warum unternehmt ihr nichts?«, spottete ich mit dem Gesicht nur Zentimeter von seinem entfernt. Er war alt, ein Ausländer, der meine Sprache nicht verstand. »Na los!«, fuhr ich ihn an. »Tut etwas!« Das geriet mir zu einem psychotischen Mantra: »Tut etwas, tut etwas, TUT ETWAS!« Wenn ich heute zurückdenke, kommt es mir vor, als wäre dieses »Tut etwas« weniger eine Provokation als vielmehr ein verborgener Hilferuf gewesen. »Bitte tut etwas«, hätte ich eigentlich sagen sollen. »Deine Rasse besitzt die Hilfsmittel und die Willenskraft! Bitte tut etwas! Findet eine Lösung, die unsere beiden Rassen rettet! Bitte tut etwas! Solange es noch genügend von euch gibt! Solange noch Zeit ist! Tut etwas! TUT ETWAS!«

In dieser Nacht am Temenggor-See war ich so trunken von Blut, dass ich zu solcher Zwiesprache außerstande schien. Das ausgemergelte Weibsbild sah schlecht aus, allerdings war ihr Zustand mehr psychischer Natur. Viele Flüchtlinge standen unter »Schock«, wie die Menschen es nannten. Ihre Körper hatten die Strapazen einigermaßen heil überstanden, ihr Verstand dagegen nicht. Die Schrecken, die sie mit ansehen mussten, die Verluste, die sie erlitten, zeitigten bei vielen schreckliche seelische Folgen. Die Frau, der ich das Blut aussaugte, nahm mich ebenso wenig wahr wie die Subtoten. Als ich ihre Ader öffnete, stieß sie, wenn ich es richtig interpretierte, sogar einen leisen Seufzer der Erleichterung aus.

Ich entsinne mich, wie abstoßend ihr Blut auf meiner Zunge schmeckte, dünn, leer und kontaminiert vom Beigeschmack abgestorbener Fettzellen. Ich überlegte mitten in der Nahrungsaufnahme, ob ich sie nicht einfach wegwerfen und mir ein viertes Opfer suchen sollte. Doch plötzlich lenkte mich eine Kakophonie von Schreien und Stöhnen ab, die sich lauter als zuvor anhörte und von der Westseite der Brücke kam.

Die Subtoten waren durchgebrochen. Ich sah es in dem Moment, als ich aus dem Dschungel trat. Auf der Barriere aus umgekippten Autos und Schutt, die die Menschen errichtet hatten, wimmelte es von gefräßigen Killermaschinen. Ich habe keine Ahnung, ob die Verteidiger der Mut verließ oder ihnen die Munition ausging. Ich sah lediglich Menschen in ungeordnetem Rückzug vor der Horde. Hunderte, womöglich tausende Kreaturen strömten über die Barrikade und trampelten dabei ihre Brüder nieder, die eine Rampe aus zerquetschtem Fleisch bildeten.

Ich sprang auf die Brücke und rief in der Tonlage, die nur unsere Gattung hören kann, nach Laila. Es kam keine Antwort. Ich musterte die Schar der fliehenden Menschen und hoffte, ich würde ihre klare, bernsteinfarbene Aura im hellen Rosa des Mobs erkennen. Nichts. Sie war fort. Hier befanden sich nur die panischen Sonnenbrüter und die vorrückenden, heulenden Subtoten. Da spürte ich sie zum ersten Mal, eine übermächtige, längst vergessene Emotion. Nicht Nervosität, an diese Empfindung hatte ich mich leider schon zu sehr gewöhnt. Nervosität ist die Frucht potenzieller Gefahren; Feuer oder Sonnenlicht oder eine neue Gattung biomechanischen Unheils. Dies war nicht Nervosität. Es war überhaupt kein bewusstes Denken. Es war etwas

Urzeitliches, Instinktmäßiges, das mich wie eine unsichtbare Klaue packte. Diese Empfindung hatte ich nicht mehr gespürt, seit mein Herz vor so vielen Jahrhunderten aufgehört hatte zu schlagen. Es war eine menschliche Empfindung. Es war Angst.

Es ist eigentümlich, wenn man sein eigenes Handeln wie ein unbeteiligter Zuschauer sieht. Ich erinnere mich an jeden Hieb, jeden Schlag, jede Sekunde der Gewalt, als ich mich in die Horde der Subtoten stürzte. Zehn, elf, zwölf ... Schädel zerplatzten, Kehlen klafften auseinander ... siebenundfünfzig, achtundfünfzig ... Wirbelsäulen brachen, Gehirne explodierten, hundertfünfundvierzig, hundertsechsundvierzig ... Ich zählte jeden Einzelnen, während die Stunden verstrichen und der Leichenberg wuchs. Besessen, mit einem anderen Wort lässt sich mein Tun in jener Nacht nicht beschreiben; ich funktionierte fast ohne eigenen Willen, ähnlich wie eine Maschine. Hemmungslos und ohne Unterlass, bis ich eine andere Hand in meiner spürte. Ich zuckte zusammen, holte zum Schlag aus und sah direkt in Lailas Augen.

Ihre Hände zitterten und waren schwarz und glitschig von der Fäulnis der Subtoten. Animalisches Hochgefühl leuchtete brennend in ihrem Blick. »Sieh nur!«, knurrte sie und deutete auf die Berge verstümmelter Kadaver vor uns, hunderte an der Zahl. Nichts regte sich mehr, abgesehen von ein paar abgetrennten, zuschnappenden Köpfen. Laila hob den Fuß über einen dieser malmenden Schädel und trat mit einem kehligen Grunzen darauf. »Das waren wir …«, rief sie aus, und da erst dämmerte uns beiden die Erkenntnis. »WIR waren das!« Sie keuchte zum ersten Mal seit Jahrhunderten und winkte mit der Hand zur nächsten Welle der Subtoten, die die Barrikade erstürmten. »Mehr.« Ihr Flüstern wurde zu einem Brüllen: »Mehr. Mehr! MEHR!«

Die nächsten paar Tage waren wir sterbenskrank. Woher hätten wir wissen sollen, dass die Flüssigkeiten der Subtoten derart toxisch sein konnten? Die winzigen Verletzungen des Nahkampfs, die unmittelbare Nähe ihrer virulenten Fäulnis. Nach einer Nacht, in der wir mehr als tausend vernichteten, schien es uns bestimmt, die letzten Opfer zu sein. »Wenigstens habt ihr euch vorher genährt«, sagte Nguyen, als er unsere abgedunkelte Zuflucht betrat. »Ich habe festgestellt, dass das Blut der Menschen das einzige Mittel gegen eure Kontamination ist.« Er hatte zwei Mahlzeiten mitgebracht, einen Mann und eine Frau; beide waren gefesselt, zappelten und kreischten unter den Knebeln. »Ich habe mir überlegt, sie zum Schweigen zu bringen«, sagte er,

»entschied mich jedoch, der Reinheit den Vorzug vor der Bequemlichkeit zu geben.« Er hielt mir den Hals der Frau an die Lippen. »Das zusätzlich ausgeschüttete Adrenalin dürfte den Heilungsprozess noch beschleunigen.«

»Warum?«, fragte ich, überrascht von Nguyens Großzügigkeit. Egoismus gehörte zu den vorherrschenden Charakterzügen unserer Art, soweit es materielle Besitztümer und Blut anbetraf. »Warum hebst du diese Leckerbissen für uns auf? Warum nicht …«

»Ihr seid beide berühmt«, verkündete er, erfüllt von fast jugendlicher Begeisterung. »Was ihr auf der Brücke geleistet habt, was ihr beide vollbracht habt … ihr seid eine Inspiration für unsere Rasse!«

Ich sah, wie sich Lailas Augen weiteten, während sie sich gierig an dem Mann gütlich tat. Bevor einer von uns ein Wort sagen konnte, fuhr Nguyen fort. »Also, ihr habt unsere Rasse auf Penang inspiriert. Wer weiß, was die Angehörigen beider Spezies außerhalb der Sicherheitszone machen? Doch darum kümmern wir uns später. Wichtig ist im Augenblick nur, ihr habt uns gezeigt, was möglich ist! Ihr habt uns eine Lösung aufgezeigt, einen Ausweg! Jetzt können wir alle gemeinsam zurückschlagen! Ein paar andere haben bereits angefangen! In den vergangenen drei Nächten haben fast zwei Dutzend die menschlichen Verteidigungsanlagen überwunden und sind mitten ins Herz der anrückenden Megahorden vorgestoßen. Tausende Subtote sind gefallen! Millionen werden folgen!«

Ich weiß nicht, ob es an Nguyens Worten oder der Zufuhr des Menschenblutes lag, doch schon bald erfüllte Euphorie mein gesamtes Denken.

»Ihr habt uns gerettet!«, flötete er uns in die Ohren. »Ihr habt den Krieg erklärt!«

Und der Krieg begann damit, dass viele unserer Art dem Beispiel folgten, das Laila und ich am Temenggor-See gegeben hatten. Immerhin hatten wir aus unserem beinahe tödlichen Fehler gelernt und schützten die Hände fortan mit Handschuhen oder verbanden sie mit einem undurchdringlichen Material. Manche unserer Art lernten, ausschließlich mit den Füßen zu kämpfen, und entwickelten diese Technik zu einer Art »Kampfsport«, wie es die Sonnenbrüter nennen. Diese »Schädeltänzer« sprangen hoch über die rudernden Arme der Subtoten und zertraten ihnen die Schädel wie Eierschalen. Das war anmutig und tödlich, und auch wenn es nichts Wesentliches zur Kriegsführung beitrug, kann man es doch als einen der wenigen Aspekte unserer Kultur betrachten, der durch und durch uns gehört.

Leider kam auf jeden Schädeltänzer dieselbe Anzahl von »Emulatoren«, jene unserer Art, die beschlossen, wie die Sonnenbrüter zu den Waffen zu greifen. Die Emulatoren nutzten Erfindungen der Menschen: Schusswaffen, Klingen oder Keulen. Ihr Argument lautete, dass solche Hilfsmittel »wirkungsvoller« wären als unsere bloßen Leiber. Viele wählten Waffen basierend auf der Epoche oder Region ihres früheren Lebens. Es war nicht ungewöhnlich, dass man einen ehemaligen Chinesen sah, der beidhändig ein breites Dadao schwang, oder einen ehemaligen Malaien mit dem traditionellen Keris Sundang. Eines Nachts beobachtete ich in den Cameron Highlands sogar einen ehemaligen Okzidentalen, der mit einer rostigen »Brown Bess«-Steinschlossflinte feuerte, die er in einem Irrsinnstempo nachlud. »Manche sprechen von Alexander, manche von Herkules«, verkündete er mit einer Geschwindigkeit, die der eines modernen automatischen Gewehrs in nichts nachstand, »von Hektor und Lysander und anderen großen Namen!« So eindrucksvoll sich das Schauspiel darbot, ich konnte nur über seinen Vorrat an Schießpulver und Munition staunen. Wo, um alles in der Welt, hatte er beides her? Und überhaupt, woher bekamen die allesamt ihre spezielle Bewaffnung, und wie viel Zeit vergeudeten sie darauf, ihrer habhaft zu werden? Wollten sie tatsächlich »wirkungsvoll« sein, oder lebten sie lediglich den unterbewussten emotionalen Wunsch aus, der tapferen Herzen zu gedenken, die einst in ihrer Brust geschlagen hatten?

Ich glaube, Letzteres legte den Grundstein für eine andere, noch fanatischere Clique von Emulatoren. Diese Schwachköpfe bezeichneten wir als »militarisierte Emulatoren«, da sie sich in quasimenschlichen »Stoßtrupps« organisierten. Sie legten sich Ränge und Titel zu und schufen sogar ein Protokoll mit Geheimcodes und sicheren Passwörtern. Binnen weniger Monate existierten mehrere dieser »Stoßtrupps« in und um Penang.

Am bemerkenswertesten waren »Feldmarschall Peng« (nicht sein richtiger Name) und seine »Armee des reinen Geblüts«.

»Der Plan für den Sieg wird in diesem Moment ausgearbeitet«, versicherte er mir eines Nachts und gestikulierte über einer Karte von Südostasien. Laila und ich waren neugierig genug, dass wir dem »Feldmarschall« einen Besuch abstatteten, und hofften, er könnte uns tatsächlich einen Ausweg aus unserer misslichen Lage zeigen. Nach zwanzig Minuten im »Feld-HQ« waren wir von dieser Hoffnung kuriert. Soweit wir erkennen konnten, bestand seine gesamte Armee aus einem halben Dutzend Mitgliedern, die sich um eine Sammlung von Landkarten, Mobilfunktelefonen und Büchern über militärisches Handeln drängten. Mit den schwarzen, mit Goldlitzen verzierten Uniformen und blutroten Baretts boten sie fraglos einen prächtigen Anblick und trugen sogar dazu passende – und das schreibe ich ohne Spott – Sonnenbrillen. Noch eindrucksvoller als ihre Aufmachung präsentierte sich ihr Wortschatz. »Statische Verteidigung«, »Wendepunkt«, »Aufspüren und vernichten« und »Befreien, halten und wieder aufbauen«, waren nur einige Ausdrücke, die wir aus ihren endlosen verbalen Disputen heraushörten. Dem »Marschall« schienen unsere Blicke über seine Schulter und unsere Reaktionen auf seinen »Strategischen Einsatzstab« nicht entgangen zu sein.

»Der letzte Schlag muss entscheidend sein«, sagte er zuversichtlich, lächelte und nickte in Richtung seines Stabes. »Und darum, lasst hundert Blumen erblühen. Lasst hundert Schulen entstehen.«

»Hätten wir nur hundert von irgendwas«, seufzte Laila, während wir die »Armee des reinen Geblüts«, die »Fangzahn-Miliz«, das »Taktische Nachtgeschwader« und andere Emulatorgruppen, die kaum ein paar Regentropfen des Subtotengewitters aufzuhalten vermochten, als unerheblich abschrieben.

Der größte Vorteil unseres Gegners bestand immer noch in der enormen Anzahl sowohl verfügbarer Leute als auch verfügbarer Zeit. Wie viele Stunden musste unseresgleichen darauf verschwenden, Nahrung zu finden, auszuruhen oder Schutz vor den tödlichen Sonnenstrahlen zu suchen? Galt das auch für die andere Seite? Wir mussten uns bei jedem Sonnenaufgang zurückziehen, während diese verwesenden Kadaver einfach weiter vorrückten, töteten und damit ihre Zahl kontinuierlich vergrößerten. Für jede Horde, die wir ausrotteten, rückte tagsüber eine nach. Jeder Kilometer, den wir im Schutz der Dunkelheit säuberten, sah bei Tage neuerliche Infektionen. Trotz unserer überragenden Körperkräfte, trotz unserer »überlegenen« Intelligenz, trotz des unschätzbaren Vorteils, dass unsere Gegner uns nicht einmal zur Kenntnis nahmen, kämpften wir wie unglückselige Gärtner im Angesicht einer unaufhaltsamen Pflanzenpest.

Eine Splittergruppe wäre vielleicht in der Lage gewesen, unsere Situation zu verbessern, und die nannte sich die Sirenen. Diese tapferen Individuen suchten überall auf der ganzen Welt nach unseresgleichen und beorderten sie zum Zweck der Koordinierung unserer Anstrengungen nach Penang. Die Sirenen glaubten, dass nur eine wahre Armee unserer Art, die hunderte zählte und an einem Ort zusammengezogen wurde, mit der Reinigung des gesamten Planeten beginnen könnte. Ich bewunderte ihre Bemühungen, räumte ihnen jedoch wenig Erfolgschancen ein. Da die globalen Transportnetze zusammengebrochen waren, wie sollten unsere Artgenossen da mehr als ein paar Dutzend oder vielleicht hundert Meilen zurücklegen, bevor die nächste Morgendämmerung anbrach? Und selbst wenn sie jeden Morgen Zuflucht vor der Sonne fanden, würden sie auch überall Nahrung verfügbar haben? Durfte man wirklich von ihnen erwarten, dass sie »vom Land« lebten und das Glück hatten, jeden Abend über einen entlegenen menschlichen Außenposten zu stolpern? Und selbst wenn es einigen Sirenen gelang, mit mehr von uns Kontakt aufzunehmen, wie sollten sie sie davon überzeugen, dass es in Penang wesentlich sicherer war als an ihrem gegenwärtigen Aufenthaltsort? Wie sollte man einen Massenexodus nach Penang überhaupt bewerkstelligen? Es grenzte ans Unmögliche, dass einer unserer Art um den ganzen Erdball reiste. Wie sollte es da eine mutmaßliche »Armee« schaffen? Doch wider alle Logik hegte ich Nacht für Nacht die Hoffnung, dass ein Schiff vor unserer Küste auftauchen oder ein Flugzeug (als ob je einer von uns gelernt hätte, wie man eines steuert) plötzlich vom Himmel herabstoßen würde. In allen Nächten, in denen ich kämpfte, hegte ich Fantasien, dass plötzlich hunderte von uns aus der Dunkelheit strömen würden. Ähnliche Szenen hatte ich hundertfach in der Geschichte der Menschen erlebt, in Stalingrad oder an der Elbe, Bilder von Handschlägen und Umarmungen, Ikonen neu entfachter Hoffnung und letztendlichen Sieges. Diese Ikonen suchten meinen unruhigen Schlaf heim, betörten und quälten mich, während ich vergeblich auf die Sirenen wartete.

Es gab noch andere Möglichkeiten, Optionen, die unsere Erlösung bedeuten könnten, doch nur auf Kosten eines Sakrilegs. Unsere Rasse kannte keine »Religion« im spirituellen Tagbrütersinne des Wortes, und ebenso wenig kannten wir einen komplexen moralischen Verhaltenskodex. Uns waren lediglich zwei unumstößliche Tabus in Fleisch und Blut übergegangen.

Das erste lautete, nur einen einzigen nach unserem Ebenbild zu erschaffen. Das war der Grund, weshalb unsere Population im Lauf der Zeit nicht sprunghaft angewachsen war. Zwar fand nie eine Diskussion darüber statt, doch musste diese eherne Regel darauf basieren, was ein Raubtier unter natürlichem Gleichgewicht verstand. Wie Nguyen gesagt hatte, wäre es unmöglich gewesen, ein Ei im Nest zu lassen, wenn zu viele Raubtiere die Erde bevölkerten. Es war logisch und vernünftig, und der Aufstieg der Subtoten bestätigte, wie sinnvoll der Erhalt des natürlichen Gleichgewichts war. Doch wäre es nicht denkbar, angesichts des bevorstehenden Triumphs der Subtoten diesen antiken Kanon einmal leicht abzuwandeln?

Es hielten sich etwa hundert von uns in Penang auf, die größte Ansammlung unserer Art in der gesamten Geschichte. Davon verließ rund ein Viertel die Zone als Sirenen, und ein weiteres Viertel entschied sich für farbenfrohe, aber sinnlose militärische Masturbation. Damit blieben fünfzig wahre Kombattanten, die freilich nur wenige kurze Stunden in der Nacht kämpfen konnten, ehe Hunger, Erschöpfung und die unvermeidliche Dämmerung sie zum Rückzug zwangen. Und auch wenn wir bei unseren nächtlichen Streifzügen tausende töteten, blieb immer noch ein nach Millionen zählendes Heer.

Mit genau der richtigen Menge verwandelter Sonnenbrüter hätten wir diese Gleichung korrigieren können. Wir hätten sorgfältig und geschickt wählen und genau die richtige Anzahl an Verstärkung erzeugen können, ohne das empfindliche Gleichgewicht zwischen Rudel und Herde zu stören. Es wäre möglich gewesen, eine Streitmacht zu bilden, die groß genug war, die malaiische Halbinsel und dann Südostasien zu befreien, und danach, wer weiß? Wir hätten den Menschen vielleicht genau den Freiraum verschaffen können, den sie brauchten, und genügend Zeit, damit sie ihre Kräfte sammeln und den Planeten ohne unser weiteres Zutun reinigen konnten. Wir sahen diese Möglichkeit klar vor Augen, und dennoch dachte nicht einer von uns jemals daran, sie zu ergreifen.

Auch eine Änderung unserer zweiten Maxime kam nicht in Frage: direkter, unverhohlener Kontakt mit der Menschheit. Wie bei der Rekrutierung wurzelte auch die Anonymität tief in dem logischen Wunsch zu überleben. Wie könnten wir als Raubtiere uns unserer Beute zu erkennen geben? Sollten wir das Schicksal des Säbelzahntigers, des Kurznasenbären und einer ganzen Anzahl weiterer Raubtiere teilen, die sich einst an menschlichen Knochen gütlich getan hatten? Während der gesamten Menschheitsgeschichte blieb unsere Existenz auf Mythen und Spukgeschichten für Kinder beschränkt. Und auch jetzt noch, mitten im beiderseitigen Kampf um unsere Existenz, bemühten wir uns, unsere Anstrengungen vor den Sonnenbrütern geheim zu halten.

Was, wenn wir das Versteckspiel sein ließen und

uns unseren ahnungslosen Verbündeten zu erkennen gäben? Eine rückhaltlose Offenbarung wäre ja gar nicht nötig gewesen. Wir hätten die unwissenden Massen ignorieren und uns nur an einige wenige wenden können. Wenn nicht an die Regierung Malaysias, dann vielleicht an eine der anderen, die in der gesamten Region »im Exil« operierten. Es müssen noch weitere sichere Zonen rings um unsere existiert haben, mit Anführern der Menschen, die bereit wären, zu einer gegenseitigen Übereinkunft zu kommen. Wir hätten nicht viel verlangt, nur das Recht, weiterhin wie bisher zu jagen. Die Führer des Homo sapiens waren noch nie davor zurückgeschreckt, das eigene Volk zu opfern. Vielleicht hätten wir sogar über klare Grenzen verhandeln können, und dass wir uns nur von bestimmten Flüchtlingen ernährten, die in dem Mahlstrom alles verloren hatten. Wer hätte um sie getrauert oder ihr Dahinscheiden auch nur bemerkt? Möglicherweise hätten sich besonders Hellsichtige sogar freiwillig geopfert. Sich selbst zu opfern, auch das war für die Sonnenbrüter nichts Neues. Manche wären vielleicht sogar stolz darauf gewesen, ihr Blut buchstäblich für den Erhalt der menschlichen Rasse zu vergießen. Wäre das zum Wohle aller wirklich ein so großes Opfer gewesen? Doch wie bei der Rekrutierung ist mir kein einziger

Fall zu Ohren gekommen, dass dieses sankrosankte Gesetz je gebrochen worden wäre. Ein bitterer Trost, dass Feigheit nicht nur ein wunder Punkt unserer Art ist. In meinem kurzen Leben habe ich so viele Herzen gesehen, des Tages wie der Nacht, denen schlichtweg der Mut fehlte, ihre Überzeugungen in Frage zu stellen. Heute zähle auch ich mich zu den Schuldigen, die den sicheren Untergang anstelle der vagen Möglichkeit eines »Warum nicht?« wählten.

Ich schlief traumlos an dem Tag, als Perai fiel. Es handelte sich um das größte Flüchtlingslager in der Sicherheitszone Penang, darum hatten sich einige von uns direkt gegenüber auf der anderen Seite des Flusses niedergelassen, in Butterworth. In der Sicherheitszone auf dem Festland konnte man sich nach wie vor einigermaßen einfach ernähren, im Gegensatz zur Insel Penang, wo die Regierung das Kriegsrecht durchzusetzen wusste. In Perais scharlachroter Quelle stärkten wir uns allabendlich für den Kampf. Darüber hinaus befand sich dort die letzte Fabrik zur Herstellung von Munition.

Als es zu der Explosion kam, lag ich nach dem bislang erbittertsten Kampf im Tiefschlaf. Drei Dutzend von uns hatten sich heimlich über die Schutzmauer der Tagbrüter entlang des schmalen Flusses Juru geschlichen und eine Horde angegriffen, die sich von Tok Panjang näherte. Erschöpft und entmutigt kehrten wir zurück: Wir hatten ihr unerbittliches Vorrücken gegen die Menschen kaum aufhalten können. Aus der Wohnung mit ihren dünnen Wänden, die wir für uns requiriert hatten, hörten wir ihr kollektives Stöhnen in der morgendlichen Brise.

»Morgen Nacht wird es anders«, versicherte mir Laila. »Die Sonnenbrüter haben noch den Juru als natürliche Verteidigung, und jeden Tag ziehen sie die Mauer ein Stück höher.« Ich war nicht sicher, ob ich ihr glauben sollte, war jedoch zu erschöpft, mich zu streiten. Wir sanken einander in die Arme, während die Dämmerung über der anrückenden Bedrohung heraufzog.

Ich erwachte mitten in der Luft, als die Druckwelle einer Explosion mich gegen die Wand des Schlafzimmers schleuderte. Eine halbe Sekunde später fühlte ich mich, als würden plötzlich hunderte glühend heißer Lötkolben auf meine Haut gedrückt. Die Detonation hatte die Fensterscheiben zertrümmert und die dunklen Rollos zerfetzt. Blind vom reflektierten Tageslicht und mit qualvollen Schmerzen von den rauchenden Verletzungen rollte ich mich auf den Boden ab und tastete panisch nach Laila. Sie fand mich zuerst, schlang die Arme um meine Taille und hob mich auf ihre Schulter. »Nicht wehren!«, rief sie und warf mir einen Mantel über den Kopf. Ein Sprung, das Splittern von Glas, dann landeten wir sechs Stockwerke tiefer auf Beton. Laila rannte blitzschnell los, und ihre Schritte hallten auf einem Meer von Scherben. »Was …«, brachte ich krächzend heraus.

»Die Fabriken!«, antwortete Laila. »Ein Feuer … ein Unfall … sie sind hier! Sie sind überall!«

Ich roch ihr brennendes Fleisch. Wie viel ihres Körpers war dem Sonnenlicht preisgegeben? Wie viel Zeit blieb ihr noch, bevor sie in Flammen aufging? Die drei Sekunden, bis ich ihren nächsten Sprung spürte, kamen mir wie eine Ewigkeit vor. Lailas Griff wurde unvermittelt schwächer, als eine kalte, starke Strömung uns trennte.

Der Mantel trieb von meinem Gesicht weg. Aus einer kleinen, sengenden Wunde wurde eine einzige kochende Qual. Ich sah, dass Laila in die Meerenge von Malakka gesprungen war und uns in den Schatten unter vor Anker liegenden Schiffen bringen wollte. Es waren inzwischen sehr viele, da die Treibstofftanks leer waren; auf den Decks drängten sich Flüchtlinge. Von unten sahen sie für uns aus wie Wolken für die Sonnenbrüter. Wir fanden eine geeignete Stelle unter dem Halbdunkel eines Öltankers. Ironischerweise lag er über dem Wrack eines gesunkenen Luxusliners. Wir setzten uns mit dem Rücken gegen die aufgeplatzte Hülle und waren zu geschockt und erschöpft, um uns zu bewegen. Erst als die Bewegungen der Schatten uns zwangen, die Positionen zu ändern, bemerkte ich das ganze Ausmaß von Lailas Verletzungen.

Ihr Körper sah fast vollständig wie gegrillt aus. Wie oft hatte ich sie davor gewarnt, nackt zu schlafen! Ich betrachtete die Maske des Grauens, die einmal ihr Gesicht gewesen war, die winzigen, verkohlten Partikel, die wie Dunst von den nackten, weißen Knochen aufstiegen. Immer war sie so eitel gewesen, so besessen von ihrer makellosen Schönheit. Darum hatte sie uns vor so vielen Jahrhunderten verwandelt. Ihr schlimmster Albtraum war, dass sie ihr Aussehen verlieren könnte. Ich war so dankbar dafür, dass das Meerwasser meine Tränen verbarg. Ich setzte ein gezwungenes, tapferes Lächeln auf und legte einen Arm um ihre Schulter, die der eines Skeletts glich. Während ihr schlotternder Körper in meiner Umarmung lag, zeigte sie mit einem schwarzen, verkohlten Arm in Richtung des Strands von Penai.

Die Subtoten kamen aus dem Nebel, den aufgewirbelter Schlick hervorrief. Natürlich nahmen sie uns nicht zur Kenntnis und stapften unbeirrt an uns vorbei. Die Insel Penang, die letzte Zuflucht der

Menschen, war ihr einziges Ziel. Wir betrachteten sie stumm und waren zu kraftlos, ihnen auch nur auszuweichen. Einer kam uns nahe genug, dass er über mein ausgestrecktes Bein stolperte. Als er in Zeitlupe fiel, streckte ich den Arm aus und fing ihn auf. Ich weiß nicht, warum ich das tat, so wenig wie Laila. Sie sah mich fragend an, und ich zuckte gleichermaßen verwirrt mit den Schultern. Sie verzog die verbrannten, rissigen Überreste ihrer Lippen zu einem Lächeln, wobei die Unterlippe aufplatzte. Ich tat so, als hätte ich es nicht bemerkt. Ich erwiderte das Lächeln und drückte sie an mich. Wir blieben reglos sitzen und betrachteten den Tross der Kadaver, bis die Oberfläche des Ozeans erst blau, dann orange, dann lila und zuletzt endlich schwarz wurde.

Mehrere Stunden nach Sonnenuntergang kamen wir an Land und mitten in eine erbitterte Schlacht hinein. Jetzt musste ich Laila tragen. Kraftlos und zitternd klammerte sie sich an meinem Nacken fest, als wir an den Scharmützeln am Strand entlangliefen. Ich fand einen tiefen, sicheren Unterschlupf im eingestürzten Komtar Tower in Georgetown. Mehr als die Gewissheit, dass weder Sonnenbrüter noch Sonnenlicht dort einzudringen vermochten, konnten wir momentan nicht verlangen. Laila lag stumm auf dem Rücken, während Rauch von ihren

Verletzungen aufstieg, und ich konnte nichts anderes tun, als den verstümmelten Stumpf ihrer Hand zu halten und leise Schlummerlieder einer fernen, fast vergessenen Jugend zu flüstern.

Sieben Nächte verweilten wir in unserem behelfsmäßigen Bau. Laila erholte sich langsam, während ich mich in der Dunkelheit auf die Jagd nach Blut machte. Noch gab es einige lebende Menschen in Penang, die tapfer kämpften, während eine Angriffswelle der Subtoten nach der anderen aus dem Meer kam. In diesen Nächten erlebte ich die besten Eigenschaften ihrer Art und die schlechtesten von unserer.

Es gibt keinen schlimmeren Albtraum, als mit ansehen zu müssen, wie jemand deiner eigenen Rasse einen anderen deiner Rasse tötet. Das Opfer war kleiner und schwächer. Ein größerer Mann hatte sie, die kaum bei Bewusstsein war, einer Mahlzeit wegen ermordet. Wahnsinn? Es gab doch immer noch so viele andere Sonnenbrüter. Warum sich wegen dieser einen zanken? Wahnsinn. In diesen sieben Nächten wurde ich Zeuge mehrerer anderer Morde, eingeschlossen einem, der scheinbar grundlos geschah. Es handelte sich um zwei ebenbürtige Männer, die aufeinander einschlugen und sich bissen und versuchten, einander das Herz herauszureißen.

Ich bildete mir in dem Moment ein, dass ich ihren Wahnsinn regelrecht sehen konnte, eine lebendige Wesenheit reinster Tollwut, die meine Brüder gegeneinander kämpfen ließ wie die Zinnsoldaten eines sadistischen Kindes. Später fragte ich mich, ob es sich bei dem Zweikampf nicht um Mord, sondern womöglich um Selbstmord in beiderseitigem Einvernehmen gehandelt haben könnte.

Auch für mein Volk gehörte es nicht zum Unerhörten, sich das Leben zu nehmen. Unsterblichkeit hat schon seit jeher zu Verzweiflung geführt. Einmal in jedem Jahrhundert hörten wir Geschichten von jemandem, der »in ein Feuer« gelaufen war. Persönlich hatte ich so etwas noch nie miterlebt. Jetzt wurde ich Nacht für Nacht Zeuge davon. Unter Tränen sah ich mit an, wie so viele meiner Gattung, so viele bildschöne, starke, scheinbar unverwundbare Prachtexemplare, einfach in brennende Gebäude hineinliefen. Darüber hinaus musste ich mehrere Suizide durch Subtote miterleben, wenn einige meiner Freunde freiwillig die Fangzähne in das verwesende Fleisch der wandelnden Pest schlugen. Ihr qualvolles Heulen plagte mich, wenn ich wach war, doch nichts brach mir so sehr das Herz wie die Nacht, in der ich Nguyen fand.

Er schlenderte zwischen den Überresten von Subtoten und Sonnenbrütern mitten auf der Macallister Street dahin. Sein Gesicht sah friedlich, fast verklärt aus. Anfangs bemerkte er mich offenbar gar nicht. Sein starrer Blick war in den leuchtenden Osten gerichtet. »Nguyen!«, rief ich nervös, da ich keine Zeit mehr vergeuden und »nach Hause« wollte. Es wurde immer schwerer, Beute zu machen, und ich wollte mit meinem Fang zu Laila, bevor die Sonne aufging. »Nguyen!«, rief ich mit wachsender Ungeduld. Nach meinem dritten Ruf drehte sich der alte Existenzialist endlich um. Er sah mich auf den Trümmern einer antiken Moschee stehen und winkte mir freundlich zu. »Was machst du …«, begann ich, doch er unterbrach mich.

»Ich gehe der Dämmerung entgegen.« Sein Tonfall hörte sich an, als wäre das eine offensichtliche und vorhersehbare Vorgehensweise. »Ich gehe einfach der Dämmerung entgegen.«

Ich erzählte Laila nicht, was ich gesehen hatte, so wenig wie von den anderen Schrecken außerhalb unserer kleinen Höhle. Während sie sich an der kaum noch atmenden Nahrung gütlich tat, stellte ich mein strahlendstes Lächeln zur Schau und wiederholte die Worte, die ich im Geiste bereits einstudiert hatte. »Alles wird gut«, begann ich. »Ich weiß, wie wir hier rauskommen.« Die Idee war mir an jenem ersten Tag unter dem Schiff gekommen, und in den vergangenen Nächten hatte ich sie ausgefeilt.

»Viehwirtschaft«, erklärte ich und sah, wie sie die immer noch heilende Stirn verwundert runzelte. »So wurden die Sonnenbrüter zur vorherrschenden Spezies auf diesem Planeten. Irgendwann jagten sie Tiere nicht mehr nur, sondern domestizierten sie. Das werden wir auch machen!« Bevor sie etwas sagen konnte, legte ich ihr eine Hand auf die kaum verheilten Lippen. »Denk doch mal nach! Es existieren immer noch hunderte Schiffe, auf denen sich tausende Sonnenbrüter befinden. Wir müssen nur eines dieser Schiffe mit Gewalt erobern. Dann fahren wir mit unserem Vieh zu einer abgelegenen Insel. Davon gibt es Millionen in der Nähe. Wir müssen nur eine finden, die groß genug ist, dass wir eine Sonnenbrüterfarm errichten können! Auf manchen Inseln existieren vielleicht sogar schon Farmen! Na ja, die Sonnenbrüter sehen sie vermutlich nicht als Farmen, sondern als Zufluchtsstätte. Aber warte nur, bis wir dort eintreffen! Eine Nacht der Gewalt, gerade ausreichend, um die Alphatiere in der Herde auszuschalten. Der Rest wird fügsam sein. Die haben so viel durchgemacht, dass wir wohl kaum mit Gegenwehr rechnen müssen! Wir fangen an, Sonnenbrüter zu züchten! Die Unruhestifter sortieren wir aus, die Fügsamen mästen und unterwerfen wir. Im Lauf der Zeit können wir ihnen vielleicht sogar einen Großteil ihrer Intelligenz wegzüchten. Und wir haben alle Zeit der Welt! Die Subtoten währen nicht ewig, du siehst ja, wie sie jetzt schon verwesen, hm? Hm? Wie lange können die durchhalten, ein paar Jahre, ein paar Jahrzehnte? Wir sitzen es einfach aus, bleiben sicher auf unserer Koralleninsel mit unserem eigenen Blutvorrat ... oder besser, noch besser ... wir gehen nach Borneo oder Neuguinea! Da draußen muss es noch irgendwo Stämme der Menschen geben, die von diesem Holocaust unberührt geblieben sind! Wir könnten ihre Herrscher, ihre Götter werden! Wir müssten sie nicht versorgen, nicht schlachten, das machen die von sich aus, und alles aus Liebe zu ihren neuen Göttern! Wir schaffen das! Wirst schon sehen! Wir können und WERDEN das schaffen!«

In dem Moment glaubte ich wirklich alles, was ich da von mir gab. Es war unerheblich, wie wir ein Schiff oder eine Insel finden und erobern sollten. Es war unerheblich, wie wir diese mystische »Herde« von Sonnenbrütern gefangen nehmen und bei Gesundheit halten oder ernähren wollten. Die Option Borneo/Neuguinea war mir gerade spontan eingefallen, doch diese Details kamen mir noch trivialer vor als die Massenhaltung von Menschen. Wichtig war nur, wie sehr ich an mich selbst glauben wollte und wie sehr ich mir wünschte, dass Laila an mich glaubte.

Mir hätte ihr Lächeln auffallen müssen, das so sehr dem von Nguyen glich. Ich hätte sie in diesem Moment festhalten müssen, mit Stahl und Beton oder selbst mit meinem eigenen Körper. An diesem Tag hätte ich nie und nimmer schlafen dürfen. Und mich hätte nicht überraschen sollen, was ich am nächsten Abend fand. Laila, meine Schwester, meine Freundin, mein starker, bildschöner, ewiger Nachthimmel. Wie lange war es her, dass wir Kinder schlagender Herzen gewesen waren und unter dem Licht und der Wärme der Nachmittagssonne spielten? Wie lange, seit ich ihr in die Dunkelheit gefolgt war? Wie lange noch, bis ich ihr ins Licht folgen würde?

Die Nächte sind jetzt still. Die Schreie sind längst verstummt, die Feuer erloschen. Die Subtoten sind allgegenwärtig und schlurfen ziellos herum, so weit das Auge reicht. Fast drei Wochen sind vergangen, seit ich den letzten lebenden Menschen in der Stadt gejagt habe, fast vier Monate, seit meine geliebte Laila zu Asche wurde. Der Plan einer Farm, den ich geschmiedet habe, hat zumindest teilweise Früchte getragen. Nach wie vor existieren einige Sonnenbrüter auf Schiffen, die in der Nähe vor Anker liegen, ernähren sich von Fisch und Regenwasser und hoffen teilweise immer noch auf eine baldige Rettung. Ich nähre mich zwar so wenig wie möglich, dennoch schwindet ihre Zahl kontinuierlich. Ich gehe davon aus, dass ich in wenigen Monaten den Letzten von ihnen ausgesaugt haben werde. Selbst wenn ich über das Wissen oder die Mittel verfügen würde, meinen Plan der Domestizierung in die Tat umzusetzen, sind nicht mehr genug von ihnen übrig, um eine brauchbare Herde zu bilden. Nackte Tatsachen können grausam sein, und wie Nguyen einmal sagte: »Ich habe Berechnungen angestellt.«

Vielleicht haben einige meiner Art ähnliche »Zuchtprogramme« entwickelt. Vielleicht ist einigen sogar Erfolg beschieden gewesen. Die Welt ist mit einem Mal sehr, sehr groß geworden, und jenseits ihrer unermesslichen Horizonte gibt es immer wieder Möglichkeiten genug. Ich denke, ich könnte mich mit einem oder zwei gefesselten Sonnenbrütern unter den Armen auf die Suche nach so einer Kolonie von Überlebenden machen. Vielleicht fände ich eine Möglichkeit, sie für eine gewisse Zeit am Leben zu erhalten, indem ich ihnen Nahrung und Wasser gebe und sie tagsüber ankette, wenn ich mich zurückziehe. Ich entsinne mich, wie einmal jemand von den

Sirenen einen ähnlichen Plan diskutierte. Wenn ich sorgfältig rationiere und schnellstmöglich reise, könnte ich vielleicht sogar eine ordentliche Strecke über Land zurücklegen. Doch die Frage, was ich dabei finden könnte, hält mich hier auf Penang fest. Wenn man unwissend ist, kann man sich wenigstens Fantasien hingeben, und in diesen Nächten bleibt mir nichts anderes mehr als Fantasien.

In meinen Fantasien wird die Erde nicht von abstoßenden wandelnden Leichnamen bevölkert. In meinen Fantasien überleben die Kinder des Tages wie der Nacht so lange, bis die Subtoten zu Staub zerfallen sind. Darum habe ich diese Erinnerungen auf Papier, Holz und sogar Glas festgehalten, wie einen »apokalyptischen Roman« der Menschen. In meinen Fantasien vergeude ich meine letzten Nächte nicht mit vergeblichem malthusianischem Schwadronieren. Da dienen meine Worte als Anleitung, als Warnung, die sich am Ende als Rettung der Art erweist, die alle unter dem Namen Vampire kennen. Da bin ich nicht das letzte Fünkchen, das unbedachterweise zugelassen hat, dass es erlischt. Da bin ich nicht der letzte Tänzer in einer Zombieparade.

Die Chinesische Mauer

Eine Geschichte
aus dem Zombie-Krieg

Das nachfolgende Interview führte der Autor im Rahmen seiner offiziellen Pflichten bei der Kommission für Nachkriegsdatenerfassung der Vereinten Nationen. Zwar wurden Auszüge in offiziellen UN-Berichten veröffentlicht, das Interview in seiner Gesamtheit jedoch findet sich nicht in Brooks persönlicher Publikation, die aufgrund bürokratischer Fehlleistungen in den Archiven der UN heute den Titel Operation Zombie. Wer länger lebt, ist später tot *trägt. Der nachfolgende Text ist ein Bericht aus erster Hand, von einem Überlebenden der schweren Krise, die heute allgemein nur noch als »Zombie-Krieg« bezeichnet wird.*

DIE CHINESISCHE MAUER:
ABSCHNITT 3947-B, SHAANXI, CHINA

Liu Huafeng begann ihre berufliche Laufbahn als Verkäuferin im Kaufhaus Takashimaya in Taiyuan und besitzt heute einen eigenen kleinen Laden in

Sichtweite ihrer ehemaligen Arbeitsstätte. An diesem Wochenende hat sie, wie an jedem ersten Wochenende im Monat, Reservistendienst. Mit Funkgerät, Flammenwerfer, Fernglas und einem »Dadao« ausgestattet, einer modernisierten Version des antiken chinesischen Breitschwerts, patrouilliert sie an dem fünf Kilometer langen Abschnitt der Chinesischen Mauer und hat »nur den Wind und meine Erinnerungen« als Gesellschaft.

Dieser Abschnitt der Mauer, der Abschnitt, in dem ich arbeitete, erstreckt sich von Yulin bis Shemnu. Ursprünglich war er von der Xia-Dynastie erbaut worden und bestand aus gestampftem Sand und mit Schilfgras bepflanzter Erde, beiderseits begrenzt von Stützwänden aus Lehmziegeln. Auf Postkarten für Touristen wurde er nie abgebildet. Einem Vergleich mit den Abschnitten aus der Ming-Ära, als »Drachenrückgrat« zum Wahrzeichen geworden, hätte er nie und nimmer standgehalten. Er war schmucklos und zweckdienlich, und zu der Zeit, als wir mit dem Wiederaufbau begannen, war er fast vollständig verfallen.

Tausend Jahre Erosion, Stürme und Versteppung hatten einen drastischen Tribut gefordert. Die Folgen des menschlichen »Fortschritts« erwiesen sich als gleichermaßen verheerend. Im Lauf der

Jahrhunderte hatten Einheimische die Lehmziegel geplündert und als Baumaterial verwendet. Auch der moderne Straßenbau trug seinen Teil bei, und es wurden ganze Sektionen eingerissen, wenn sie den »lebenswichtigen« Überlandverkehr behinderten. Und was die Natur und die baulichen Aktivitäten in Friedenszeiten begonnen hatten, das vollendeten die Krise, die Seuche und der anschließende Bürgerkrieg im Lauf von nur wenigen Monaten. An manchen Stellen blieben nur noch bröckelnde Hügel gestampfter Füllmasse übrig. An vielen anderen Stellen rein gar nichts mehr.

Ich wusste nichts vom Plan unserer Regierung, die Mauer als Bestandteil unserer nationalen Verteidigung neu aufzubauen. Zu Beginn wusste ich nicht einmal, dass auch ich für diesen Wiederaufbau eingeteilt war. In den Anfangstagen hatte ich es mit so vielen verschiedenen Menschen und Sprachen zu tun – regionalen Dialekten, die mir so unverständlich vorkamen wie Vogelgezwitscher. In der Nacht, als ich eintraf, sah man nur Fackeln und die Scheinwerfer einiger liegen gebliebener Autos. Ich hatte einen neuntägigen Fußmarsch hinter mir. Ich war müde und ängstlich. Anfangs wusste ich nicht, was ich gefunden hatte, nur dass es sich bei den umherhuschenden Gestalten vor mir um Menschen handelte. Ich weiß nicht, wie lange ich da gestanden habe, bis einer der Arbeiter mich entdeckte. Er kam herüber und plapperte aufgeregt. Ich wollte ihm begreiflich machen, dass ich ihn nicht verstand. Er war frustriert und zeigte zu einer Baustelle hinter sich, einen Ort massenhafter Aktivitäten, der sich links und rechts bis in die Dunkelheit erstreckte. Abermals schüttelte ich den Kopf, zeigte auf meine Ohren und zuckte die Achseln wie eine Schwachsinnige. Er seufzte wütend, dann hob er die Hand. Ich sah, dass er einen Ziegelstein hielt. Da ich dachte, er wollte mich damit erschlagen, wich ich erschrocken zurück. Doch dann drückte er mir den Ziegelstein in die Hand, zeigte zu der Baustelle und stieß mich in diese Richtung.

Ich kam auf Armeslänge an den ersten Arbeiter heran, der mir den Ziegelstein sofort aus der Hand riss. Dieser Mann stammte aus Taiyuan, und ich verstand ihn klar und deutlich. »Worauf zum Henker wartest du?«, fuhr er mich an. »Wir brauchen mehr! Geh! GEH!« Und so wurde ich für die Arbeit an der neuen Chinesischen Mauer »rekrutiert«.

[Sie zeigt zu dem einheitlichen Bauwerk aus Beton.]

In diesem ersten hektischen Frühling sah sie ganz und gar nicht so aus. Was Sie hier sehen, das sind neuere, renovierte und verstärkte Teile, die den neuesten Standards nach dem Krieg entsprechen. Damals verfügten wir nicht annähernd über solche Baustoffe. Der größte Teil unserer erhalten gebliebenen Infrastruktur lag auf der falschen Seite der Mauer.

Auf der Südseite?

Ja, auf der Seite, die einmal sicher war, auf der Seite, zu deren Schutz die Mauer … jede Mauer, von den Xia bis zu den Ming, ursprünglich erbaut worden war. Die Mauern bildeten einst eine Grenze zwischen den Besitzenden und den Besitzlosen, zwischen den wohlhabenden Südländern und den Barbaren des Nordens. Selbst in der heutigen Zeit liegen unsere Fabriken, das meiste Ackerland, unsere Straßen, Eisenbahnlinien und Flughäfen, kurz gesagt alles, was wir für diese monumentale Aufgabe brauchten, auf der falschen Seite, jedenfalls in diesem Landesteil.

Ich habe gehört, dass einige Industriemaschinen während der Evakuierung nach Norden geschafft wurden.

Nur, was man zu Fuß mitnehmen konnte, und nur Sachen in unmittelbarer Nähe der Baustelle. Nichts, was, sagen wir, weiter als zwanzig Kilometer entfernt war, nichts jenseits der unmittelbaren Kampflinien oder der isolierten Zonen tief in den verseuchten Gebieten.

Die wertvollsten Ressourcen, die wir aus den umliegenden Städten mitnehmen konnten, waren die Materialien, die zum Bau der Städte selbst verwendet worden waren: Holz, Metall, Schlackensteine, Ziegelsteine – einige der Ziegelsteine, die man ursprünglich an der Mauer geplündert hatte. Das alles floss in das improvisierte Bauprojekt ein, zusammen mit dem, was sich rasch ad hoc herstellen ließ. Wir benutzten Holz des Wiederaufforstungsprojekts »Große Grüne Mauer«*, Möbelstücke und schrottreife Fahrzeuge. Selbst der Wüstensand unter unseren Füßen wurde mit Geröll vermischt und bildete so einen Teil des Kerns, oder er wurde veredelt und zu Glasblöcken geschmolzen.

Glas?

Ja, Glasblöcke … *[Sie zeichnet einen imaginären Umriss in die Luft, ungefähr zwanzig Zentimeter lang, breit und tief.]* Ein Ingenieur aus Shijiazhuang kam auf die Idee. Vor dem Krieg besaß er eine Glasfabrik, und er dachte sich, da die reichlichsten Ressourcen der Provinz in Kohle und Sand bestan-

---

* Die Große Grüne Mauer: ein Naturschutzprojekt vor dem Krieg, dessen Ziel es war, der zunehmenden Versteppung Einhalt zu gebieten.

den, warum nicht beide nutzen? Fast über Nacht entwickelte sich ein enormer Industriezweig; tausende dieser großen, milchigen Steine wurden hergestellt. Sie waren dick und schwer, und die weiche, bloße Faust eines Zombies konnte ihnen nichts anhaben. »Stärker als Fleisch«, pflegten wir zu sagen, und zu unserem Pech leider auch sehr viel schärfer. Manchmal vergaßen die Assistenten der Glaser, die Kanten zu schmirgeln, bevor sie die Blöcke für den Transport verluden.

[Sie löst die Hand vom Schwertgriff. Die Finger bleiben gekrümmt wie eine Klaue. Eine tiefe, weiße Narbe verläuft über die gesamte Breite der Handfläche.]

Ich wusste nicht, dass ich mir die Hände hätte bandagieren sollen. Der Schnitt ging bis auf den Knochen und durchtrennte die Nerven. Mir ist unbegreiflich, dass ich nicht an einer Infektion gestorben bin, wie so viele andere.

Es war ein brutales, anstrengendes Leben. Wir wussten, mit jedem Tag kamen die Horden aus dem Süden näher, jede Sekunde Verzögerung könnte die gesamten Anstrengungen zunichtemachen. Wir schliefen, wenn wir denn schliefen, wo wir arbeiteten. Wir aßen, wo wir arbeiteten, pissten und schissen, wo wir arbeiteten. Kinder – die »Nachtsanitärbrigade« – kamen mit einem Eimer herbeigeeilt und warteten, bis wir unser Geschäft erledigt hatten, oder transportierten unsere früheren Ausscheidungen ab. Wir arbeiteten wie die Tiere, lebten wie die Tiere. In meinen Träumen sehe ich tausend Gesichter, die Menschen, mit denen ich arbeitete, die ich aber nie kennenlernte. Wir hatten keine Zeit für gesellschaftlichen Umgang. Wir verständigten uns weitgehend mit Handbewegungen und Grunzlauten. In meinen Träumen versuche ich, Zeit für ein Gespräch mit den Leuten neben mir zu finden, sie nach ihren Namen, ihren Erlebnissen zu fragen. Ich habe gehört, dass Träume nur in Schwarz-Weiß sind. Vielleicht stimmt das, vielleicht kommt die Erinnerung an Farben erst später, die dünnen Strähnen eines Mädchens, das sein Haar einst grün gefärbt hatte, der dreckige rosa Frauenbademantel, den ein gebrechlicher alter Mann über einem Seidenpyjama trug. Ich sehe ihre Gesichter fast jede Nacht, nur die Gesichter der Gefallenen.

So viele starben. Jemand, der an deiner Seite arbeitete, setzte sich einen Moment hin, nur eine Sekunde, um durchzuatmen, und stand nie wieder auf. Wir hatten eine medizinische Abteilung, könnte man sagen, Träger mit Bahren. Die konnten so gut wie gar nichts tun, außer die Leute zur Krankenstation zu bringen. Meistens schafften sie es nicht. Jeden Tag trage ich ihr Leid und meine Schande im Herzen.

Ihre Schande?

Wenn sie sich setzten oder einem zu Füßen lagen … wusste man, dass man nicht mit der Arbeit aufhören konnte, nicht einmal, um ein klein wenig Mitgefühl zu zeigen, ein paar freundliche Worte zu sprechen, es ihnen wenigstens etwas bequem zu machen, während sie auf die Mediziner warteten. Man wusste, sie wollten nur eines, was wir alle wollten, nämlich Wasser. Wasser war kostbar in diesem Teil der Provinz; fast unser gesamter Vorrat wurde für die Herstellung von Mörtel und Beton verwendet. Wir bekamen nicht einmal eine halbe Tasse täglich. Ich trug meinen Vorrat in einer gebrauchten Plastikflasche um den Hals. Wir hatten strenge Anweisung, unseren Vorrat nicht mit den Kranken und Verletzten zu teilen. Wir brauchten es, um die eigene Arbeitskraft zu erhalten. Ich verstehe die Logik, aber wenn man mit ansehen musste, wie der geschundene Körper von jemand anderem zwischen Werkzeugen und Geröll lag, und wusste, das Barmherzigste unter der Sonne wäre ein winziger Schluck Wasser gewesen …

Jedes Mal, wenn ich daran denke, jedes Mal, wenn ich meinen Durst stille, verspüre ich Schuldgefühle, zumal ich mich, als meine Zeit zu sterben kam, zufällig in der Nähe der Krankenstation aufhielt. Ich hatte Dienst in der Glaserei und arbeitete in einer langen Menschenkette bei den Brennöfen. Seit knapp zwei Monaten gehörte ich diesem Projekt an; ich war am Verhungern, hatte Fieber und wog weniger als die Steine, die rechts und links an meiner Tragestange hingen. Als ich mich umdrehte, um die Steine weiterzugeben, stolperte ich und fiel aufs Gesicht; ich spürte meinen Schneidezahn brechen und schmeckte Blut. Ich schloss die Augen und dachte: »Meine Zeit ist gekommen.« Ich war bereit und wollte, dass es endete. Und wenn die Mediziner nicht vorbeigekommen wären, dann wäre mein Wunsch in Erfüllung gegangen.

Drei Tage lang lebte ich in Schande; ruhte mich aus, wusch mich, trank so viel Wasser, wie ich wollte, während andere in jeder Sekunde an der Mauer leiden mussten. Die Ärzte sagten mir, dass ich noch ein paar Tage bleiben und meinem Körper bis zur vollständigen Genesung Ruhe gönnen sollte. Ich hätte ihren Rat beherzigt, wenn ich nicht in dem Moment den Ruf eines Wachpostens am Höhleneingang vernommen hätte.

»Roter Alarm!«, rief er. »ROTER ALARM!«

Grüner Alarm bedeutete einen aktiven Angriff,

roter Alarm bedeutete einen Angriff in überwältigender Zahl. Bis zu diesem Tag war ein roter Alarm etwas Ungewöhnliches gewesen. Ich hatte bis dahin nur einen erlebt, weit entfernt am nördlichen Rand von Shemnu. Jetzt wurde er mindestens einmal pro Woche gegeben. Ich raste aus der Höhle, rannte den ganzen Weg bis zu meinem Abschnitt und sah gerade, wie die ersten verwesenden Hände und Köpfe über das unfertige Bollwerk kamen.

[Wir bleiben stehen. Sie betrachtet die Steine unter unseren Füßen.]

Hier, genau hier. Sie bildeten eine Rampe und stapften auf ihren niedergetrampelten Kameraden herauf. Die Arbeiter wehrten sie mit allem ab, was sie hatten, mit Werkzeugen und Steinen, mit bloßen Händen und Füßen. Ich schnappte mir eine Ramme, die wir benutzten, um Erde zu stampfen. Eine Ramme ist ein klobiges, unhandliches Ding, eine Metallstange, einen Meter lang, mit Handgriffen an einem Ende und einem großen, sehr schweren zylinderförmigen Stein am anderen. Nur die größten und kräftigsten Männer unserer Arbeitstrupps arbeiteten mit der Ramme. Ich habe keine Ahnung, wie ich sie hochheben, zielen und damit zuschlagen konnte, immer und immer wieder, um den Zombies unter mir die Köpfe und Gesichter einzuschlagen …

Das Militär sollte uns vor solchen Überraschungs-angriffen beschützen, aber zu der Zeit waren schlicht und einfach nicht mehr genügend Soldaten übrig.

[Sie führt mich zum Rand der Brüstung und zeigt zu einer ungefähr einen Kilometer südlich gelegenen Stelle.]

Da.

[In der Ferne erkenne ich gerade noch einen Stein-obelisken, der aus einem Erdhügel ragt.]

Unter diesem Hügel liegt einer der letzten Kampfpanzer unserer Garnison. Der Besatzung war der Treibstoff ausgegangen, und sie nutzten ihn als Bunker. Als ihnen die Munition ausging, schlossen sie die Luken und machten sich selbst zu lebenden Ködern. Sie hielten noch lange durch, nachdem ihre Essensvorräte aufgebraucht und ihre Feldflaschen leer waren. »Kämpft weiter!«, riefen sie über das Funkgerät, das mit einer Handkurbel betrieben wurde. »Vollendet die Mauer! Beschützt unser Volk! Vollendet die Mauer!« Der Letzte von ihnen, der siebzehnjährige Fahrer, hielt einunddreißig Tage durch. Da sah man den Panzer nicht einmal mehr; er lag unter einem kleinen Berg von Zombies be-graben, die sich plötzlich entfernten, als der Fahrer seinen letzten Atemzug getan hatte.

Zu dem Zeitpunkt hatten wir unseren Abschnitt

der Chinesischen Mauer fast fertiggestellt, doch die isolierten Angriffe gingen zu Ende, und die riesigen, unermüdlichen, nach Millionen zählenden Horden kamen. Hätten wir es von Anfang an mit diesen Massen zu tun gehabt, hätten die Helden der Städte des Südens nicht ihr Blut vergossen, um uns Zeit zu verschaffen …

Die neue Regierung wusste, dass sie sich von der distanzieren musste, die sie gerade gestürzt hatte. Sie musste sich eine Art von Legitimation im Volk verschaffen, und das war nur möglich, indem sie die Wahrheit sagte. Die isolierten Zonen wurden nicht durch »Tricks« zu Lockvögeln umfunktioniert wie in so vielen anderen Ländern. Man bat sie offen und ehrlich zurückzubleiben, während andere flohen. Es war eine persönliche Entscheidung, die jeder Bürger für sich selbst treffen musste. Meine Mutter traf sie für mich.

Wir hatten uns im ersten Stock unseres Fünf-Zimmer-Hauses in einer der ehemals exklusivsten Wohngegenden Taiyuans versteckt. Mein kleiner Bruder lag im Sterben; er war gebissen worden, als mein Vater ihn weggeschickt hatte, um nach etwas Essbarem zu suchen. Zitternd und bewusstlos lag er im Bett meiner Eltern. Mein Vater saß neben ihm und wiegte sich langsam hin und her. Alle paar Minuten rief er nach uns. »Es geht ihm besser! Kommt her, fühlt seine Stirn. Es geht ihm besser!« Der Flüchtlingszug kam direkt an unserem Haus vorbei. Befehlshaber der Bürgerwehr klopften an jede Tür und fragten, wer mitkommen und wer bleiben würde. Meine Mutter hatte bereits eine kleine Tasche mit meinen Sachen gepackt: Kleidung, Essen, gute Wanderschuhe, die Pistole meines Vaters mit den letzten drei Kugeln. Sie kämmte mir das Haar vor dem Spiegel, wie wir es immer getan hatten, als ich noch ein kleines Mädchen war. Sie sagte mir, ich solle aufhören zu weinen und dass sie mir bald in den Norden nachfolgen würden. Sie hatte dieses Lächeln aufgesetzt, dieses starre, leblose Lächeln, das sie sonst nur Vater und seinen Freunden zeigte. Jetzt präsentierte sie es mir, als sie mich die zerschmetterte Treppe hinabließ.

[Liu macht eine Pause, atmet tief durch und legt die Klaue auf den harten Stein.]

Drei Monate, so lange brauchten wir, um die gesamte Mauer fertigzustellen. Von Jingtai in den westlichen Bergen bis zum Kopf des Großen Drachen am Meer von Shanhaiguan. Sie wurde nie durchbrochen, nie überrannt. Sie verschaffte uns die Zeit, die wir brauchten, um unsere Bevölkerung zu konsolidieren und eine Kriegsökonomie aufzubauen. Wir waren das letzte Land, das den Redeker-Plan annahm, lange nach dem Rest der Welt und kurz vor der Konferenz von Honolulu. So viel Zeit, so viele Leben, alle vergeudet. Wäre der Drei-Schluchten-Staudamm nicht gebrochen, wäre die andere Mauer nicht eingestürzt, hätten wir diese errichtet? Wer weiß. Beide sind Denkmäler für unsere Kurzsichtigkeit, unsere Arroganz, unsere Schande.

Sie sagen, beim Bau der ursprünglichen Mauer starben so viele Arbeiter, dass auf jede Meile ein verlorenes Menschenleben kam. Ich weiß nicht, ob das damals tatsächlich so gewesen ist …

[Sie klopft mit der Klaue auf den Stein.]

Bei dieser jedenfalls war es so.

Um die ganze Welt des
GOLDMANN Verlages
kennenzulernen, besuchen Sie uns doch
im **Internet** unter:

www.goldmann-verlag.de

Dort können Sie
    nach weiteren interessanten Büchern *stöbern*,
    Näheres über unsere *Autoren* erfahren,
    in *Leseproben* blättern, alle *Termine* zu Lesungen und
    Events finden und den *Newsletter* mit interessanten
    Neuigkeiten, Gewinnspielen etc. abonnieren.

Ein *Gesamtverzeichnis* aller Goldmann Bücher finden
Sie dort ebenfalls.

Sehen Sie sich auch unsere *Videos* auf YouTube an und
werden Sie ein *Facebook*-Fan des Goldmann Verlags!

www.goldmann-verlag.de
www.facebook.com/goldmannverlag

GOLDMANN
Lesen erleben